하나님 말씀과 기도로
거룩하여 짐이라
(딤전 4:5)

맥체인 성경 읽기표

12월

일차	날짜	가정		개인	
335	12/1	대상29	벧후3	미 6	눅15
336	2	대하 1	요일 1	미 7	눅16
337	3	대하 2	요일 2	나 1	눅17
338	4	대하3·4	요일 3	나 2	눅18
339	5	대하5·6:1~11	요일 4	나 3	눅19
340	6	대하6:12~42	요일 5	합 1	눅20
341	7	대하 7	요이 1	합 2	눅21
342	8	대하 8	요삼 1	합 3	눅22
343	9	대하 9	유 1	습 1	눅23
344	10	대하10	계 1	습 2	눅24
345	11	대하11·12	계 2	습 3	요 1
346	12	대하13	계 3	학 1	요 2
347	13	대하14·15	계 4	학 2	요 3
348	14	대하16	계 5	슥 1	요 4
349	15	대하17	계 6	슥 2	요 5
350	16	대하18	계 7	슥 3	요 6
351	17	대하19·20	계 8	슥 4	요 7
352	18	대하21	계 9	슥 5	요 8
353	19	대하22·23	계10	슥 6	요 9
354	20	대하24	계11	슥 7	요10
355	21	대하25	계12	슥 8	요11
356	22	대하26	계13	슥 9	요12
357	23	대하27·28	계14	슥10	요13
358	24	대하29	계15	슥11	요14
359	25	대하30	계16	슥12·13:1	요15
360	26	대하31	계17	슥13:2~9	요16
361	27	대하32	계18	슥14	요17
362	28	대하33	계19	말 1	요18
363	29	대하34	계20	말 2	요19
364	30	대하35	계21	말 3	요20
365	31	대하36	계22	말 4	요21

1월

일차	날짜	가정		개인	
1	1/1	창 1	마 1	스 1	행 1
2	2	창 2	마 2	스 2	행 2
3	3	창 3	마 3	스 3	행 3
4	4	창 4	마 4	스 4	행 4
5	5	창 5	마 5	스 5	행 5
6	6	창 6	마 6	스 6	행 6
7	7	창 7	마 7	스 7	행 7
8	8	창 8	마 8	스 8	행 8
9	9	창9·10	마 9	스 9	행 9
10	10	창11	마10	스10	행10
11	11	창12	마11	느 1	행11
12	12	창13	마12	느 2	행12
13	13	창14	마13	느 3	행13
14	14	창15	마14	느 4	행14
15	15	창16	마15	느 5	행15
16	16	창17	마16	느 6	행16
17	17	창18	마17	느 7	행17
18	18	창19	마18	느 8	행18
19	19	창20	마19	느 9	행19
20	20	창21	마20	느10	행20
21	21	창22	마21	느11	행21
22	22	창23	마22	느12	행22
23	23	창24	마23	느13	행23
24	24	창25	마24	에 1	행24
25	25	창26	마25	에 2	행25
26	26	창27	마26	에 3	행26
27	27	창28	마27	에 4	행27
28	28	창29	마28	에 5	행28
29	29	창30	막 1	에 6	롬 1
30	30	창31	막 2	에 7	롬 2
31	31	창32	막 3	에 8	롬 3

2월

일차	날짜	가정		개인	
32	2/1	창33	막 4	에9·10	롬 4
33	2	창34	막 5	욥 1	롬 5
34	3	창35·36	막 6	욥 2	롬 6
35	4	창37	막 7	욥 3	롬 7
36	5	창38	막 8	욥 4	롬 8
37	6	창39	막 9	욥 5	롬 9
38	7	창40	막10	욥 6	롬10
39	8	창41	막11	욥 7	롬11
40	9	창42	막12	욥 8	롬12
41	10	창43	막13	욥 9	롬13
42	11	창44	막14	욥10	롬14
43	12	창45	막15	욥11	롬15
44	13	창46	막16	욥12	롬16
45	14	창47	눅1:1~38	욥13	고전1
46	15	창48	눅1:39~80	욥14	고전2
47	16	창49	눅 2	욥15	고전3
48	17	창50	눅 3	욥16·17	고전4
49	18	출 1	눅 4	욥18	고전5
50	19	출 2	눅 5	욥19	고전6
51	20	출 3	눅 6	욥20	고전7
52	21	출 4	눅 7	욥21	고전8
53	22	출 5	눅 8	욥22	고전9
54	23	출 6	눅 9	욥23	고전10
55	24	출 7	눅10	욥24	고전11
56	25	출 8	눅11	욥25·26	고전12
57	26	출 9	눅12	욥27	고전13
58	27	출10	눅13	욥28	고전14
59	28	출11·12:1~21	눅14	욥29	고전15

3월

일차	날짜	가정		개인	
60	3/1	출12:22~51	눅15	욥30	고전16
61	2	출13	눅16	욥31	고후 1
62	3	출14	눅17	욥32	고후 2
63	4	출15	눅18	욥33	고후 3
64	5	출16	눅19	욥34	고후 4
65	6	출17	눅20	욥35	고후 5
66	7	출18	눅21	욥36	고후 6
67	8	출19	눅22	욥37	고후 7
68	9	출20	눅23	욥38	고후 8
69	10	출21	눅24	욥39	고후 9
70	11	출22	요 1	욥40	고후10
71	12	출23	요 2	욥41	고후11
72	13	출24	요 3	욥42	고후12
73	14	출25	요 4	잠 1	고후13
74	15	출26	요 5	잠 2	갈 1
75	16	출27	요 6	잠 3	갈 2
76	17	출28	요 7	잠 4	갈 3
77	18	출29	요 8	잠 5	갈 4
78	19	출30	요 9	잠 6	갈 5
79	20	출31	요10	잠 7	갈 6
80	21	출32	요11	잠 8	엡 1
81	22	출33	요12	잠 9	엡 2
82	23	출34	요13	잠10	엡 3
83	24	출35	요14	잠11	엡 4
84	25	출36	요15	잠12	엡 5
85	26	출37	요16	잠13	엡 6
86	27	출38	요17	잠14	빌 1
87	28	출39	요18	잠15	빌 2
88	29	출40	요19	잠16	빌 3
89	30	레 1	요20	잠17	빌 4
90	31	레2·3	요21	잠18	골 1

맥체인 QT 가이드

01 사도신경 오늘의 찬양

신앙고백으로 마음을 정돈하고, 오늘의 찬양으로 마음의 준비를 하세요.

02 핵심주제

그날의 핵심주제를 기억하며 본문으로 들어갑니다.

03 본문읽기

네 본문의 소제목을 기억하면서 본문을 정독으로 읽으세요.

- 반복되는 단어, 유사한 단어, 반대되는 단어를 기억하면서...
- 나에게 주시는 동일한 핵심 단어를 4책에서 찾아 기록해 보세요.

04 더 깊은 묵상

본문의 내용을 떠올리며 단어나 문장을 연결하며 다시 한번 정독으로 읽으세요.

05 말씀암송

주어진 시간안에서 말씀을 기억하세요. (괄호 채우기를 권해 드립니다.) 1년 365요절을 암송합니다.

06 말씀묵상

하나님이 나에게 주시는 말씀을 다시 한번 묵상해 보세요.

07 말씀적용

묵상을 통해 주신 말씀에 순종하며, 오늘 내가 할수 있는 일을 구체적으로 기록해 보세요.

08 감사기도

감사가 사라지고 있는 이 시대.. 하루에 3가지(믿음, 소망, 사랑)의 감사하는 마음을 담아 기록하여 보세요. 감사는 또 다른 감사를 만들어 줍니다.

09 말씀기도

오늘 내게 주신 말씀에 순종 할 수 있도록 하나님께 기도를 드립니다.

▶나눔 (하브루타 토론식)◀

교회 소그룹에 활용시 (09)말씀기도 전에
『하브루타 토론식』으로 서로의 의견을 말하고 생각을 공유해 보세요.
맥체인QT집으로 묵상을 하시면
같은 말씀이라도 하나님의 주신 말씀이 다양한 방향과 방법으로
대화의 나눔의 장을 만들어 드릴것입니다.

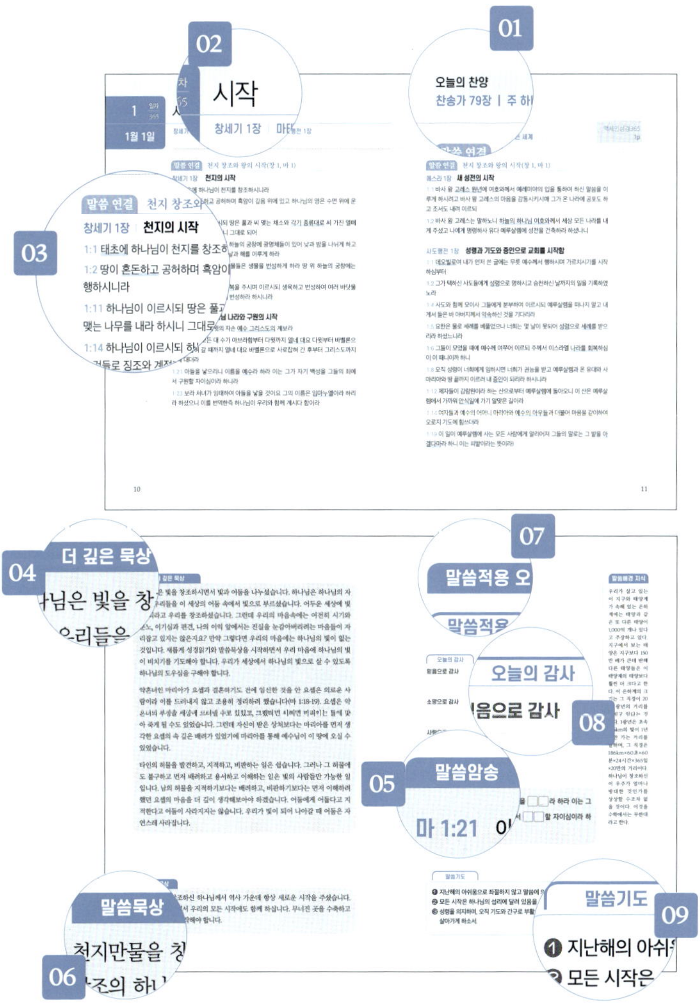

맥체인 성경읽기는
말씀에서 길을 찾고 기도로 힘을 얻는다

● 나의 맥체인 성경읽기를 공개합니다.

① 먼저 기도하고 찬양으로 마음을 준비합니다.

② 성경읽기표에 따른 네 본문에 제시된 주제를 통해 중심 단어를 생각합니다.

③ 네 성경 본문을 순서대로 천천히 읽습니다. (주요 요절이나 단어에 밑줄이나 표기를 합니다.)

④ 우선 두 성경 본문에서 주제와 일치하는 내용이나 반복되는 단어나 유사한 문맥을 찾아 서로 연결해 봅니다.

⑤ 본문에서 반대되는 내용이나 같은 뜻을 가진 단어나 문장 문맥을 찾아봅니다.

⑥ 이렇게 연결되는 본문을 나머지 다른 두 권으로 확대하여, 네 권 전체에 흐르는 하나님의 뜻을 발견하고, 그 내용을 적어봅니다. (나에게 주시는 말씀)

⑦ 네 성경 본문을 한 주제로 연결하도록(Word Link) 깊은 묵상을 합니다.

⑧ 나아가 본문에서 지도자나 인도자로부터 배운 신학 주제나 교리들이 함축하고 있는 문맥이나 내용의 짝을 찾아봅니다.

⑨ 삶에 적용할 항목들을 적어보고 실천함으로써 놀라운 변화를 경험해 봅니다. 매일 묵상할 때마다 다른 감동을 경험할 수 있습니다.

⑩ 마지막으로 하나님이 오늘 나에게 주신 말씀을 통하여 가르침, 명령과 약속과 권면, 경고 및 행해야 할 일들을 적어보고, 하나님과 대화하는 마음으로 묵상하고, 말씀기도로 성경읽기를 마무리합니다.

※ 독자들의(맥체인큐티, MQ) 다양한 원고를 기다립니다. 공동체의 성경읽기가 습관화 되어지도록 말씀묵상, 말씀적용, 감사기도의 은혜를 독자들과 나눌 수 있도록 사연을 기다립니다. 지면을 통하여 함께 은혜 나누기를 소망합니다. 채택되신 분들에게는 감사의 마음을 담아 선교횃불 도서를 선물로 보내드립니다. (이메일 : ccm2you@gmail.com)

전교인 작정새벽 말씀읽기
맥체인성경 말씀으로 돌아가기

1. 맥체인 성경읽기란?

맥체인 성경읽기표는 1842년 맥체인이 자신이 목양하던 성 베드로 교회 성도들의 영적 성장을 위해 개발한 것으로, 매일 구약과 신약을 각각 2장씩 읽음으로써 1년에 구약 1회, 신약과 시편을 각 2회 정독할 수 있도록 만든 표입니다.

이와 같은 맥체인의 방법에 따라 신구약 성경 전체를 골고루 4등분해서 동시에 읽으면, 성경에 기록된 장구한 구속사를 크게 네 시대로 나누어 동시에 묵상할 수 있습니다.

각각의 시대마다 하나님께서는 하나님이 세우신 사람들과 언약을 맺으셨고, 그 언약을 완성하셨습니다. 그리고 이 시대들은 서로 씨줄과 날줄이 되어 하나님의 구속사를 완성하는 완벽한 하모니를 이루고 있습니다.

때로는 시대별로, 때로는 거시적인 안목에서 구속사 전체를 한 번에 아우르게 합니다. 그렇기에 남녀노소, 교회의 직분을 무론하고, 누구나 맥체인 성경읽기표를 따라 성경을 읽으면, 성경에 대한 명쾌한 이해와 함께 하나님께서 감춰두신 구속의 보화를 찾는 기쁨을 누릴 수 있습니다.

또한 이를 통해 성경의 맥을 보다 쉽게 잡을 수 있습니다. 이렇게 하나님의 계시 목적에 평행선을 그으며 따라가는 것은 맥체인 성경읽기표만의 독특한 방식입니다.

성경을 읽다가 중간에 빠뜨린 부분이 있더라도 포기하지 말고, 그날의 날짜에 맞추어 읽는 것이 좋습니다. 이런 습관은 해가 거듭되더라도 반복적으로 성경을 통독할 수 있게 해 주기 때문입니다.

"또 어려서부터 성경을 알았나니 성경은 능히 너로 하여금 그리스도 예수 안에 있는 믿음으로 말미암아 구원에 이르는 지혜가 있게 하느니라. 모든 성경은 하나님의 감동으로 된 것으로 교훈과 책망과 바르게 함과 의로 교육하기에 유익하니 이는 하나님의 사람으로 온전하게 하며 모든 선한 일을 행할 능력을 갖추게 하려 함이라."(딤후 3:15-17)

2. 맥체인 성경 365의 특징과 장점

맥체인 성경365의 장점은 QT와 통독을 하나로 통합해준다는 것입니다.

맥체인 성경365로 성경을 읽고 묵상하면

- 매일 성경을 읽도록 해줍니다.
- 매일 체계적이고 규칙적으로 성경을 읽도록 도와줍니다.
- 매일 성경 읽기(20분)에 적당한 분량입니다.
- 매일 구약과 신약의 각 부분을 골고루 읽도록 해줍니다.
- 1년에 구약 1독, 신약과 시편 2독을 할 수 있습니다.
- QT와 성경읽기를 하나로! 이제 QT와 통독을 따로 할 필요가 없습니다.
- 구약과 신약(시편)이 짝을 이뤄 구속사를 한눈에 살펴볼 수 있습니다.
- 말씀의 다채로움을 만끽하며 더 넓고 깊은 하나님의 생각을 발견하게 됩니다.
- 하나로 관통하는 하나님의 생각을 찾아내 더 깊은 영적 성숙을 도와줍니다.

3. 맥체인 성경읽기에 실패하지 않으려면?

영혼의 양식이요 영적 성숙의 원천이 되는 성경, 누구나 많이 읽고, 깊이 묵상하기를 원합니다. 하지만 막상 성경 통독을 시작하려고 해도 쉽지 않고, 끝내기는 더욱 쉽지 않습니다. 맥체인 성경읽기를 통해 성경을 통독하고, 매일 매일의 말씀묵상에 실패하지 않으려면, 맥체인 성경읽기표를 따라 다음과 같은 방법으로 성경을 읽으십시오.

① 매일 성경을 읽겠다는 결심을 하십시오.
② 성경을 읽는 구별된 시간을 확보하십시오.
③ 성경읽기표를 따라 매일 구별된 시간에 읽으십시오.
④ 가정예배와 교회 공동체에서 함께 성경읽기표를 따라 읽어나가면 좋습니다.
⑤ 너무 완벽하게 읽으려고 하지 마시고, 먼저 성경을 읽는다는 자체에 우선하십시오.
⑥ 빠뜨린 날이 있더라도 오늘 내가 읽어야 할 날짜의 읽기에 집중하십시오.
⑦ 빠뜨린 부분이 있더라도 집착하거나 포기하지 마시고 오늘 날짜부터 다시 시작하십시오.

한국교회의 성도님들께서 맥체인 성경 읽기를 통해 구속사의 주인이신 하나님을 매일 만나는 은혜의 경험을 하여 신앙의 성숙이 일어나시기를 간절히 기도드립니다.

4. 맥체인성경 읽을때 주의할 점

형식으로 읽지 말라

우리는 너무나 연약한 피조물이어서 어떤 의무든 규칙적으로 반복하면 타성적인 형태로 전락하기 쉽습니다. 일정한 규칙에 따라 말씀을 읽는 어떤 사람들에게는 이렇게 형식적인 신앙생활을 낳는 경향이 있습니다. 이것은 말세에 두드러진 죄가 될 것입니다. "경건의 모양은 있으나 경건의 능력은 부인하니 이같은 자들에게서 네가 돌아서라" (딤후 3:5). 이 점을 주의하십시오. 이 읽기표 때문에 여러분의 영혼이 무디어질 것 같으면 차라리 이 표를 없애 버리십시오.

분량 채우는 것으로 만족하지 말라

어떤 이들은 말씀을 읽기 위해 시간을 정하고 정해진 분량을 다 읽고 나면 자기 자신을 만족스런 눈으로 바라보는 유혹에 빠지기가 쉽습니다. 확신컨대 많은 이가 영혼에 아무런 하나님의 역사를 체험하지 못한 채 살아가고 있습니다. 용서받지 못하고, 성화되지도 않고, 멸망을 눈앞에 둔 채 말입니다. 그들은 그러면서도 개인적으로나 가족과 함께 정해진 경건 시간을 보냅니다. 이런 사람은 오른손에 거짓 것을 들고(사 44:20) 지옥으로 향하는 사람입니다.

아무렇게나 건성으로 읽지 말라

하나님의 말씀에 두려워 떠는 사람이 별로 없습니다. 말씀을 읽는 동안에도 위엄으로 가득찬 여호와의 음성을 듣는 이가 별로 없습니다. 이스라엘 백성들은 매일 먹는 만나에 대해 "백성이 하나님과 모세를 향하여 원망하되 어찌하여 우리를 애굽에서 인도해 내어 이 광야에서 죽게 하는가 이 곳에는 먹을 것도 없고 물도 없도다 우리 마음이 이 하찮은 음식을 싫어하노라 하매" (민 21:5)고 불평했습니다. 마찬가지로 어떤 이들은 많은 분량의 말씀을 읽다가 말씀 읽기에 싫증이 나서 말씀을 아무렇게나 건성으로 읽으려는 유혹에 빠지기 쉽습니다. 이런 일은 하나님의 진로를 불러 일으킬 것입니다. 이 말씀이 여러분에게 해당되지 않도록 주의하십시오. "만군의 여호와가 이르노라 너희가 또 말하기를 이 일이 얼마나 번거로운고 하며 코웃음치고 훔친 물건과 저는 것, 병든 것을 가져왔느니라 너희가 이같이 봉헌물을 가져오니 내가 그것을 너희 손에서 받겠느냐 이는 여호와의 말이니라" (말 1:13).

의무감으로 억지로 읽지 말라

어떤 이들은 한동안 말씀을 잘 읽지만 나중에는 말씀 읽는 일이 감당하기 벅찬 부담감으로 느껴집니다. 그들은 하늘의 양식을 전혀 맛보지 못하고 양심에 질질 끌려 억지로 정해진 의무를 행합니다. 만일 어떤 성도든 이런 경우에 해당된다면, 차라리 이 족쇄를 던져 버리고 하나님의 아름다운 정원에서 마음껏 꿀을 먹으십시오. 제가 바라는 것은 여러분에게 덫을 놓는 것이 아니라 여러분이 기쁨을 맛보도록 돕는 것입니다.

이렇게 주의할 점이 많은데 이런 읽기표를 만든 목적이 대체 무엇일까요? 이 질문에 저는 이렇게 대답하겠습니다. 가장 좋은 일에는 언제나 위험이 따르는 법입니다. 위험한 절벽 틈에 가장 아름다운 꽃들이 피어 있는 것처럼 말입니다. 그러면 이 읽기표의 장점을 살펴보겠습니다.

첫째, 성경 전체를 1년 동안 정독할 수 있습니다.

모든 성경은 하나님의 감동으로 된 것이기 때문에 어느 한 부분이 더 중요하고 덜 중요한 곳이 없습니다. 성경 전체를 읽어나가는 것은 하나님의 구속사의 전체 의도를 알아가는 데 꼭 필요한 일입니다. 맥체인 성경 읽기를 따라가다 보면 구약은 한 번, 신약과 시편은 두 번 읽게 됩니다.

둘째, 성경의 네 가지 본문을 동시에 보는 안목을 기르게 됩니다.

맥체인 성경 읽기는 성경 전체를 4시대 구분으로 나누어 하루에 4장씩 읽어 나갑니다. 매일 구약에서 두 장, 신약에서 두 장을 읽는 것입니다. 이는 하나님의 구속의 역사를 네 시대로 나누어 동시에 묵상할 수 있는 탁월한 구조입니다.

셋째, 성경의 주인이 하나님이심을 알게 됩니다.

기존 성경 읽기는 역사 중심, 인물 중심으로 진행됩니다. 그래서 사람이 중심이 되는 성경 읽기가 될 수도 있습니다. 맥체인 성경 읽기는 신구약 4장을 읽으면서 공통적으로 흐르는 통일주제와 개별주제의 주인공이 하나님임을 알게 됩니다.

넷째, 어느 부분을 읽을지 고민하지 않습니다.

막상 성경을 펼쳐서 앞에서부터 읽어가다보면 레위기쯤 와서는 진도가 잘 나가지 않습니다. 그래서 뛰어넘고 다른 곳으로 가고자 하는 유혹을 받게 됩니다. 맥체인 성경 읽기는 좋은 성경 교사가 옆에서 자상하게 '오늘은 여기 읽어야죠'하고 들려주는 음성과 같습니다. 한 권을 다 읽고 또 다른 책으로 넘어가는 것이 아니라 지루하지 않게, 힘든 부분과 쉽게 이해되는 부분이 골고루 섞여 있는 종합 비타민 같은 책입니다.

다섯째, 교회의 전 성도가 어디를 읽는지 알 수 있습니다.

이 부분은 특별히 목회자들에게 특히 유용한 부분입니다. 교회 전 성도가 맥체인 성경 읽기로 성경을 읽어나가면 우리교회 성도들이 오늘 어디를 읽는지 분명히 알게 됩니다. 그래서 거기에 맞는 권면과 신앙의 조언을 해 줄 수 있고 전체 목회 그림을 그려나가는데 도움이 됩니다.

여섯째, SNS로 같은 본문의 은혜 나눔이 가능합니다.

교회마다 리더들을 중심으로 연결된 다양한 SNS방들이 있습니다. 기존의 은혜 나눔방들은 각자 자신이 읽은 본문으로 은혜를 나누기 때문에 성경 본문을 같이 묵상하지 않고 표면적인 은혜 나눔만 일어날 수 있습니다. 하지만 대화방으로 연결된 성도들끼리 오늘 분량의 매체인 성경 읽기 본문을 가지고 묵상과 은혜를 나누게 되니 같은 본문 말씀에 입각한 나눔이 가능합니다.

일곱째, 새벽기도때 설교를 듣고 매일 읽어 나갈 수 있습니다.

전교인 새벽 기도를 맥체인 성경 읽기로 진행한다면 매년 전 성도가 성경을 일년일독(신약, 시편 2독)하는 교회를 만들어 갈 수 있습니다. 성도들은 오늘자 맥체인 본문 설교를 듣고 그 배경지식 하에 각자 성경을 읽어나가니 더더욱 풍성한 성경 이해와 하나님 구속사의 역사를 체험할 수 있습니다.

1 일차 365

1월 1일

시작

창세기 1장 | 마태복음 1장 | 에스라 1장 | 사도행전 1장

말씀 연결 천지 창조와 왕의 시작 (창 1, 마 1)

창세기 1장 | 천지의 시작

1:1 태초에 하나님이 천지를 창조하시니라

1:2 땅이 혼돈하고 공허하며 흑암이 깊음 위에 있고 하나님의 영은 수면 위에 운행하시니라

1:11 하나님이 이르시되 땅은 풀과 씨 맺는 채소와 각기 종류대로 씨 가진 열매 맺는 나무를 내라 하시니 그대로 되어

1:14 하나님이 이르시되 하늘의 궁창에 광명체들이 있어 낮과 밤을 나뉘게 하고 그것들로 징조와 계절과 날과 해를 이루게 하라

1:20 하나님이 이르시되 물들은 생물을 번성하게 하라 땅 위 하늘의 궁창에는 새가 날으라 하시고

1:22 하나님이 그들에게 복을 주시며 이르시되 생육하고 번성하여 여러 바닷물에 충만하라 새들도 땅에 번성하라 하시니라

마태복음 1장 | 하나님 나라와 구원의 시작

1:1 아브라함과 다윗의 자손 예수 그리스도의 계보라

1:17 그런즉 모든 대 수가 아브라함부터 다윗까지 열네 대요 다윗부터 바벨론으로 사로잡혀 갈 때까지 열네 대요 바벨론으로 사로잡혀 간 후부터 그리스도까지 열네 대더라

1:21 아들을 낳으리니 이름을 예수라 하라 이는 그가 자기 백성을 그들의 죄에서 구원할 자이심이라 하니라

1:23 보라 처녀가 잉태하여 아들을 낳을 것이요 그의 이름은 임마누엘이라 하리라 하셨으니 이를 번역한즉 하나님이 우리와 함께 계시다 함이라

말씀 연결 새 성전의 시작과 성령 (스 1, 행 1)

에스라 1장 | 새 성전의 시작

1:1 바사 왕 고레스 원년에 여호와께서 예레미야의 입을 통하여 하신 말씀을 이
루게 하시려고 바사 왕 고레스의 마음을 감동시키시매 그가 온 나라에 공포도 하
고 조서도 내려 이르되

1:2 바사 왕 고레스는 말하노니 하늘의 하나님 여호와께서 세상 모든 나라를 내
게 주셨고 나에게 명령하사 유다 예루살렘에 성전을 건축하라 하셨나니

사도행전 1장 | 성령과 기도와 증인으로 교회를 시작함

1:1 데오빌로여 내가 먼저 쓴 글에는 무릇 예수께서 행하시며 가르치시기를 시작
하심부터

1:2 그가 택하신 사도들에게 성령으로 명하시고 승천하신 날까지의 일을 기록하였
노라

1:4 사도와 함께 모이사 그들에게 분부하여 이르시되 예루살렘을 떠나지 말고 내
게서 들은 바 아버지께서 약속하신 것을 기다리라

1:5 요한은 물로 세례를 베풀었으나 너희는 몇 날이 못되어 성령으로 세례를 받으
리라 하셨느니라

1:6 그들이 모였을 때에 예수께 여쭈어 이르되 주께서 이스라엘 나라를 회복하심
이 이 때니이까 하니

1:8 오직 성령이 너희에게 임하시면 너희가 권능을 받고 예루살렘과 온 유대와 사
마리아와 땅 끝까지 이르러 내 증인이 되리라 하시니라

1:12 제자들이 감람원이라 하는 산으로부터 예루살렘에 돌아오니 이 산은 예루살
렘에서 가까워 안식일에 가기 알맞은 길이라

1:14 여자들과 예수의 어머니 마리아와 예수의 아우들과 더불어 마음을 같이하여
오로지 기도에 힘쓰더라

1:19 이 일이 예루살렘에 사는 모든 사람에게 알리어져 그들의 말로는 그 밭을 아
겔다마라 하니 이는 피밭이라는 뜻이라)

더 깊은 묵상

하나님은 빛을 창조하시면서 빛과 어둠을 나누셨습니다. 하나님은 하나님의 자녀인 우리들을 이 세상의 어둠 속에서 빛으로 부르셨습니다. 어두운 세상에 빛이 되라고 우리를 창조하셨습니다. 그런데 우리의 마음속에는 여전히 시기와 분노, 이기심과 편견, 나의 이익 앞에서는 진실을 눈감아버리려는 마음들이 자리잡고 있지는 않은지요? 만약 그렇다면 우리의 마음에는 하나님의 빛이 없는 것입니다. 새롭게 성경읽기와 말씀묵상을 시작하면서 우리 마음에 하나님의 빛이 비치기를 기도해야 합니다. 우리가 세상에서 하나님의 빛으로 살 수 있도록 하나님의 도우심을 구해야 합니다.

약혼녀인 마리아가 요셉과 결혼하기도 전에 임신한 것을 안 요셉은 의로운 사람이라 이를 드러내지 않고 조용히 정리하려 했습니다(마 1:18-19). 요셉은 약혼녀의 부정을 세상에 드러낼 수도 있었고, 그랬다면 어쩌면 마리아는 돌에 맞아 죽게 될 수도 있었습니다. 그런데 자신이 받은 상처보다는 마리아를 먼저 생각한 요셉의 속 깊은 배려가 있었기에 마리아를 통해 예수님이 이 땅에 오실 수 있었습니다.

타인의 허물을 발견하고, 지적하고, 비판하는 일은 쉽습니다. 그러나 그 허물에도 불구하고 먼저 배려하고 용서하고 이해하는 일은 빛의 사람들만 가능한 일입니다. 남의 허물을 지적하기보다는 배려하고, 비판하기보다는 먼저 이해하려 했던 요셉의 마음을 더 깊이 생각해보아야 하겠습니다. 어둠에게 어둡다고 지적한다고 어둠이 사라지지는 않습니다. 우리가 빛이 되어 나아갈 때 어둠은 자연스레 사라집니다.

말씀묵상

천지만물을 창조하신 하나님께서 역사 가운데 항상 새로운 시작을 주셨습니다. 창조의 하나님께서 우리의 모든 시작에도 함께 하십니다. 무너진 곳을 수축하고 하나님과 함께 시작해야 합니다.

말씀적용 오늘의 감사

말씀적용

오늘의 감사

믿음으로 감사

소망으로 감사

사랑으로 감사

말씀암송

마 1:21 아들을 낳으리니 이름을 □□라 하라 이는 그가 자기 백성을 그들의 □에서 □□할 자이심이라 하니라

말씀기도

❶ 지난해의 아쉬움으로 좌절하지 않고 말씀에 의지하게 하소서.
❷ 모든 시작은 하나님의 섭리에 달려 있음을 기억하게 하소서.
❸ 성령을 의지하며, 오직 기도와 간구로 부활하신 주님의 증인된 삶을 살아가게 하소서.

말씀배경 지식

우리가 살고 있는 이 지구와 태양계가 속해 있는 은하계에는 태양과 같은 또 다른 태양이 1,000억 개나 있다고 주장하고 있다. 지구에서 보는 태양은 지구보다 150만 배가 큰데 반해 다른 태양들은 이 태양계의 태양보다 훨씬 더 크다고 한다. 이 은하계의 크기는 그 직경이 20만 광년의 거리를 가지고 있다는 것이다. 1광년은 초속 186km의 빛이 1년 동안 가는 거리를 말하며, 그 직경은 186km×60초×60분×24시간×365일×20만의 거리이다. 하나님이 창조하신 이 우주가 얼마나 방대한 것인가를 상상할 수조차 없을 것이다. 이것을 수학에서는 무한대라고 한다.

2 일차 365

씨

1월 2일

창세기 2장 | 마태복음 2장 | 에스라 2장 | 사도행전 2장

말씀 연결 하나님 나라 씨의 시작 (창 2, 마 2)

창세기 2장 | 하나님 나라의 씨의 시작

2:7 여호와 하나님이 땅의 흙으로 사람을 지으시고 생기를 그 코에 불어넣으시
니 사람이 생령이 되니라

2:8 여호와 하나님이 동방의 에덴에 동산을 창설하시고 그 지으신 사람을 거기
두시니라

2:9 여호와 하나님이 그 땅에서 보기에 아름답고 먹기에 좋은 나무가 나게 하시
니 동산 가운데에는 생명 나무와 선악을 알게 하는 나무도 있더라

2:18 여호와 하나님이 이르시되 사람이 혼자 사는 것이 좋지 아니하니 내가 그
를 위하여 돕는 배필을 지으리라 하시니라

2:23 아담이 이르되 이는 내 뼈 중의 뼈요 살 중의 살이라 이것을 남자에게서 취
하였은즉 여자라 부르리라 하니라

마태복음 2장 | 하나님 나라의 씨

2:1 헤롯 왕 때에 예수께서 유대 베들레헴에서 나시매 동방으로부터 박사들이
예루살렘에 이르러 말하되

2:2 유대인의 왕으로 나신 이가 어디 계시냐 우리가 동방에서 그의 별을 보고 그
에게 경배하러 왔노라 하니

2:16 이에 헤롯이 박사들에게 속은 줄 알고 심히 노하여 사람을 보내어 베들레
헴과 그 모든 지경 안에 있는 사내아이를 박사들에게 자세히 알아본 그 때를 기
준하여 두 살부터 그 아래로 다 죽이니

2:22 그러나 아켈라오가 그의 아버지 헤롯을 이어 유대의 임금 됨을 듣고 거기
로 가기를 무서워하더니 꿈에 지시하심을 받아 갈릴리 지방으로 떠나가

말씀 연결 하나님 나라의 씨의 모습 (스 2, 행 2)

에스라 2장 | 새 성전 시대의 하나님 나라의 씨의 모습

2:1 옛적에 바벨론 왕 느부갓네살에게 사로잡혀 바벨론으로 갔던 자들의 자손들
중에서 놓임을 받고 예루살렘과 유다 도로 돌아와 각기 각자의 성읍으로 돌아간
자

2:36 제사장들은 예수아의 집 여다야 자손이 구백칠십삼 명이요

2:40 레위 사람은 호다위야 자손 곧 예수아와 갓미엘 자손이 칠십사 명이요

2:43 느디님 사람들은 시하 자손과 하수바 자손과 답바옷 자손과

사도행전 2장 | 하나님 나라의 씨를 위한 선물인 성령

2:3 마치 불의 혀처럼 갈라지는 것들이 그들에게 보여 각 사람 위에 하나씩 임하여
있더니

2:15 때가 제 삼 시니 너희 생각과 같이 이 사람들이 취한 것이 아니라

2:17 하나님이 말씀하시기를 말세에 내가 내 영을 모든 육체에 부어 주리니 너희의
자녀들은 예언할 것이요 너희의 젊은이들은 환상을 보고 너희의 늙은이들은 꿈을
꾸리라

2:23 그가 하나님께서 정하신 뜻과 미리 아신 대로 내준 바 되었거늘 너희가 법 없
는 자들의 손을 빌려 못 박아 죽였으나

2:35 내가 네 원수로 네 발등상이 되게 하기까지 너는 내 우편에 앉아 있으라 하셨
도다 하였으니

2:38 베드로가 이르되 너희가 회개하여 각각 예수 그리스도의 이름으로 세례를 받
고 죄 사함을 받으라 그리하면 성령의 선물을 받으리니

더 깊은 묵상

예수님의 탄생을 기뻐하는 동방박사들은 자신이 가진 가장 귀중한 것을 예수님께 드리려고 먼 길을 찾아왔습니다. 그러나 메시야의 탄생이 자신의 왕권을 위태롭게 하는 것이라 생각한 헤롯은 아기 예수님 또래의 모든 아이들을 학살하는 무서운 범죄를 저질렀습니다. 이기적인 마음이 가득한 사람이 권력을 가졌을 때 어떤 결과가 나오는가를 헤롯왕은 잘 보여주고 있습니다.

반면, 오순절날 성령을 선물로 받은 초대 교회의 모습은 얼마나 아름답습니까. 내 것, 네 것 구분하지 않고 서로 나누고 돕고 기쁨과 순전한 마음으로 삶을 나누는 모습, 이것이 성령충만입니다. 성령충만이 가슴 벅찬 감동, 뜨거운 눈물, 방언과 예언 등 이런 모습들로만 생각한다면 그것은 성경을 잘못 알고 성령을 잘못 이해하는 것입니다.

성령충만은 나눔입니다. 내가 가진 가장 소중한 것을 나누는 것이 성령충만입니다. 만약 입으로만 복음을 전하고 내가 가진 것(재물, 시간, 재능)은 나누지 않는다면, 그것은 내가 전하는 복음이 싸구려라는 반증이 아닐까요?

말씀묵상

하나님 나라의 왕이신 예수님과 함께 새로운 시작을 계획하시길 바랍니다. 어느 시대에나 하나님은 하나님 나라의 씨들과 함께 해주시고 선물을 주셨습니다. 나를 위한 선물은 어떤 것일까요?

말씀적용 오늘의 감사

말씀적용

오늘의 감사

믿음으로 감사

소망으로 감사

사랑으로 감사

말씀암송

창 2:7 여호와 하나님이 땅의 [ ]으로 사람을 지으시고 생기를 그 코에 불어넣으시니 사람이 [ ][ ]이 되니라

말씀기도

❶ 언제나 무너지고 넘어져도 새로운 시작을 주시는 하나님을 믿게 하소서.
❷ 오직 믿음으로 반응하며 살아가게 하소서.
❸ 하나님의 사랑을 전하는 사랑의 도구와 통로가 되게 하소서.

말씀배경 지식

'에덴'이라는 말은 '즐거움', '기쁨', '낙원'이라는 의미를 가지고 있다. 에덴은 인간이 살기에 완벽한 곳이었다. 창세기 2:8-17에서 우리는 에덴의 모습을 볼 수 있다. 하나님이 창조한 에덴은 바로 하나님 나라의 원형이다. 그곳은 하나님의 통치가 온전히 이루어지는 곳으로서 땅에서도 하늘에 닿을 수 있는 복이 넘치는 곳임을 알 수 있다.

3 일차 365

1월 3일

죄(罪)

창세기 3장 | 마태복음 3장 | 에스라 3장 | 사도행전 3장

말씀 연결 죄와 회개 (창 3, 마 3)

창세기 3장 | 죄의 시작

3:1 그런데 뱀은 여호와 하나님이 지으신 들짐승 중에 가장 간교하니라 뱀이 여
자에게 물어 이르되 하나님이 참으로 너희에게 동산 모든 나무의 열매를 먹지 말
라 하시더냐

3:2 여자가 뱀에게 말하되 동산 나무의 열매를 우리가 먹을 수 있으나

3:6 여자가 그 나무를 본즉 먹음직도 하고 보암직도 하고 지혜롭게 할 만큼 탐스
럽기도 한 나무인지라 여자가 그 열매를 따먹고 자기와 함께 있는 남편에게도 주
매 그도 먹은지라

3:21 여호와 하나님이 아담과 그의 아내를 위하여 가죽옷을 지어 입히시니라

마태복음 3장 | 회개와 세례

3:2 회개하라 천국이 가까이 왔느니라 하였으니

3:4 이 요한은 낙타털 옷을 입고 허리에 가죽 띠를 띠고 음식은 메뚜기와 석청이
었더라

3:7 요한이 많은 바리새인들과 사두개인들이 세례 베푸는 데로 오는 것을 보고
이르되 독사의 자식들아 누가 너희를 가르쳐 임박한 진노를 피하라 하더냐

3:9 속으로 아브라함이 우리 조상이라고 생각하지 말라 내가 너희에게 이르노니
하나님이 능히 이 돌들로도 아브라함의 자손이 되게 하시리라

3:15 예수께서 대답하여 이르시되 이제 허락하라 우리가 이와 같이 하여 모든
의를 이루는 것이 합당하니라 하시니 이에 요한이 허락하는지라

말씀 연결 성전의 회복 (스 3, 행 3)

에스라 3장 | 예배의 회복과 성전의 회복

3:1 이스라엘 자손이 각자의 성읍에 살았더니 일곱째 달에 이르러 일제히 예루
살렘에 모인지라

3:2 요사닥의 아들 예수아와 그의 형제 제사장들과 스알디엘의 아들 스룹바벨과
그의 형제들이 다 일어나 이스라엘 하나님의 제단을 만들고 하나님의 사람 모세
의 율법에 기록한 대로 번제를 그 위에서 드리려 할새

3:3 무리가 모든 나라 백성을 두려워하여 제단을 그 터에 세우고 그 위에서 아침
저녁으로 여호와께 번제를 드리며

3:4 기록된 규례대로 초막절을 지켜 번제를 매일 정수대로 날마다 드리고

3:5 그 후에는 항상 드리는 번제와 초하루와 여호와의 모든 거룩한 절기의 번제
와 사람이 여호와께 기쁘게 드리는 예물을 드리되

3:6 일곱째 달 초하루부터 비로소 여호와께 번제를 드렸으나 그 때에 여호와의
성전 지대는 미처 놓지 못한지라

사도행전 3장 | 죄로부터의 회복은 예수 그리스도

3:6 베드로가 이르되 은과 금은 내게 없거니와 내게 있는 이것을 네게 주노니 나사
렛 예수 그리스도의 이름으로 일어나 걸으라 하고

3:16 그 이름을 믿으므로 그 이름이 너희가 보고 아는 이 사람을 성하게 하였나니
예수로 말미암아 난 믿음이 너희 모든 사람 앞에서 이같이 완전히 낫게 하였느니라

3:19 그러므로 너희가 회개하고 돌이켜 너희 죄 없이 함을 받으라 이같이 하면 새
롭게 되는 날이 주 앞으로부터 이를 것이요

더 깊은 묵상

첫 사람 아담과 하와가 하나님 앞에 죄를 지음으로 죄가 이 세상에 들어왔습니다. 죄의 시작은 하나님의 말씀을 의심하고, 왜곡하는 것에서 시작되었습니다. '이 정도는 괜찮지 않을까?'라는 생각이 드는 순간, 죄는 시작됩니다. 죄의 유혹은 달콤합니다. 보기에도 탐스럽고, 지혜로운 것 같기도 하지만 죄의 결과는 부끄러움입니다. 죄가 부끄러운 일이라는 것을 알기라도 하면 얼마나 다행인가요. 부끄러움에는 하나님이 자비를 베푸실 여지라도 있습니다. 죄에 완전히 눈이 어두워져 부끄러움도 없이, 그릇된 자기 확신(종교적, 정치적, 인종적, 지역적, 성적, 지적 확신)에 빠져 타인을 혐오하거나 박해하거나 해치는 끔찍한 죄악들이 빈번하게 일어나는 우리의 슬픈 현실입니다.

완전한 아담인 예수 그리스도께서 하나님 앞에서 우리의 죄를 대신 지심으로 하나님 나라가 이 세상에 들어왔습니다. 죄 사함의 시작은 예수 그리스도의 구주 되심을 믿음으로 받아들이는 것에서 시작합니다. 예수의 이름 앞에 죄인 됨을 고백하고 우리의 죄를 회개함으로 우리는 죄 사함의 구원을 받는 특권을 얻게 됩니다. 회개란 돌이킴입니다. 세상에서 하나님께로 돌이킴이요, 죄악으로부터 거룩함으로 돌이킴입니다. 회개란 우리의 근본 죄인 됨을 인식하고 고백하는 일입니다. 비둘기나 양 한 마리 정도가 아니라 하나님의 아들이신 예수님 자신이 십자가에서 우리를 대신해 죽으셔야 할 정도로 우리가 큰 죄인이었음을 인정하고 고백하는 일입니다.

말씀묵상

죄는 상실을 가져옵니다. 그러나 예수 그리스도로 말미암아 죄로부터의 회복의 은혜를 주셨습니다. 그 은혜로 예배의 회복과 성전된 몸의 회복을 이루어야 합니다.

말씀적용 오늘의 감사

말씀적용

오늘의 감사

믿음으로 감사

소망으로 감사

사랑으로 감사

말씀암송

행 3:6 베드로가 이르되 [ ]과 [ ]은 내게 없거니와 내게 있는 이것을 네게 주노니 나사렛 예수 그리스도의 [ ] [ ]으로 일어나 걸으라 하고

말씀기도

❶ 이익 앞에서 죄를 짓기보다는, 하나님을 위해 손해 볼 줄 아는 용기를 주소서.
❷ 회개하고 돌이켜 죄사함을 받아 새롭게 되게 하소서.
❸ 마음 상한 사람, 현실에 좌절하여 주저앉은 사람들에게 예수님의 이름으로 손 내밀 줄 아는 사람으로 변화시켜 주소서.

말씀배경 지식

회개는 '마음을 고치다'라는 뜻이지만, 생각의 단순한 변화 그 이상을 의미한다. 성경의 종교적 용어로서 회개는 죄와 하나님에 대한 태도의 완전한 변화, 즉 죄에 대한 슬픔 감정과 이에 상응하는 행위의 변화를 포함하고 있다.

4 일차 365

용납과 거절

1월 4일

창세기 4장 | 마태복음 4장 | 에스라 4장 | 사도행전 4장

말씀 연결 하나님 편에서의 용납과 시험의 거절 (창 4, 마 4)

창세기 4장 | 하나님이 용납하시는 제사와 거절하시는 제사, 그리고 거절에 대한 태도

4:15 여호와께서 그에게 이르시되 그렇지 아니하다 가인을 죽이는 자는 벌을 칠배나 받으리라 하시고 가인에게 표를 주사 그를 만나는 모든 사람에게서 죽임을 면하게 하시니라

4:16 가인이 여호와 앞을 떠나서 에덴 동쪽 놋 땅에 거주하더니

4:17 아내와 동침하매 그가 임신하여 에녹을 낳은지라 가인이 성을 쌓고 그의 아들의 이름으로 성을 이름하여 에녹이라 하니라

4:20 아다는 야발을 낳았으니 그는 장막에 거주하며 가축을 치는 자의 조상이 되었고

4:21 그의 아우의 이름은 유발이니 그는 수금과 퉁소를 잡는 모든 자의 조상이 되었으며

4:22 씰라는 두발가인을 낳았으니 그는 구리와 쇠로 여러 가지 기구를 만드는 자요 두발가인의 누이는 나아마였더라

4:25 아담이 다시 자기 아내와 동침하매 그가 아들을 낳아 그의 이름을 셋이라 하였으니 이는 하나님이 내게 가인이 죽인 아벨 대신에 다른 씨를 주셨다 함이며

4:26 셋도 아들을 낳고 그의 이름을 에노스라 하였으며 그 때에 사람들이 비로소 여호와의 이름을 불렀더라

마태복음 4장 | 시험은 거절하시고 사람들을 용납하시는 예수님과 부르심에 대한 용납

4:13 나사렛을 떠나 스불론과 납달리 지경 해변에 있는 가버나움에 가서 사시니

4:15 스불론 땅과 납달리 땅과 요단 강 저편 해변 길과 이방의 갈릴리여

4:21 거기서 더 가시다가 다른 두 형제 곧 세베대의 아들 야고보와 그의 형제 요한이 그의 아버지 세베대와 함께 배에서 그물 깁는 것을 보시고 부르시니

말씀 연결 성전 건축과 물질에 대한 용납과 거절 (스 4, 행 4)

에스라 4장 | 성전 건축을 방해하는 사마리아인

4:6 또 아하수에로가 즉위할 때에 그들이 글을 올려 유다와 예루살렘 주민을 고발하니라

4:7 아닥사스다 때에 비슬람과 미드르닷과 다브엘과 그의 동료들이 바사 왕 아닥사스다에게 글을 올렸으니 그 글은 아람 문자와 아람 방언으로 써서 진술하였더라

4:13 이제 왕은 아시옵소서 만일 이 성읍을 건축하고 그 성곽을 완공하면 저 무리가 다시는 조공과 관세와 통행세를 바치지 아니하리니 결국 왕들에게 손해가 되리이다

4:14 우리가 이제 왕궁의 소금을 먹으므로 왕이 수치 당함을 차마 보지 못하여 사람을 보내어 왕에게 아뢰오니

4:15 왕은 조상들의 사기를 살펴보시면 그 사기에서 이 성읍은 패역한 성읍이라 예로부터 그 중에서 항상 반역하는 일을 행하여 왕들과 각 도에 손해가 된 것을 보시고 아실지라 이 성읍이 무너짐도 이 때문이니이다

사도행전 4장 | 예수 그리스도, 물질에 대한 용납과 거절

4:1 사도들이 백성에게 말할 때에 제사장들과 성전 맡은 자와 사두개인들이 이르러

4:6 대제사장 안나스와 가야바와 요한과 알렉산더와 및 대제사장의 문중이 다 참여하여

4:11 이 예수는 너희 건축자들의 버린 돌로서 집 모퉁이의 머릿돌이 되었느니라

4:15 명하여 공회에서 나가라 하고 서로 의논하여 이르되

4:24 그들이 듣고 한마음으로 하나님께 소리를 높여 이르되 대주재여 천지와 바다와 그 가운데 만물을 지은 이시요

더 깊은 묵상

하나님이 받으시는 제사와 받지 않으시는 제사의 차이점은 무엇일까요? 그것은 제물이나 제사의 방식 등의 문제에 있지 않았습니다. 하나님이 받으시는 제사냐 아니냐의 차이는 언제나 제사를 드리는 사람의 문제에 있었습니다.

구약 성경의 수많은 선지자들을 통해서 하나님은 "제사보다 먼저 공의를 행하라", "하나님이 받으시는 제사는 고아와 과부와 나그네를 돌보는 것"이라고 수없이 반복해서 말씀하셨습니다. 하나님의 공의를 저버리고, 약자들에게 평화가 사라져버릴 때 하나님은 형식적으로 드리는 제사들에 대해서 그런 제사는 "역겨워서 토해버리겠다"라고 말씀하셨습니다.

신약 시대에도 마찬가지입니다. "믿는 무리가 한마음과 한 뜻이 되어 모든 물건을 서로 통용하고 자기 재물을 조금이라도 자기 것이라 하는 이가 하나도 없더라"(행 4:32). "그 중에 가난한 사람이 없으니 이는 밭과 집 있는 자는 팔아 그 판 것의 값을 가져다가 사도들의 발 앞에 두매 그들이 각 사람의 필요를 따라 나누어 줌이라"(행 4:34-35). 있는 사람이 없는 사람과 나누고, 강한 사람이 약한 사람을 돌보고, 부자가 가난한 사람에게 나누는 이것이 하나님이 원하시는 제사였습니다.

가난한 사람들의 돈을 모아 땅을 사고 집을 사서 더 부자가 되고, 강한 사람이 약한 사람을 억압하고 착취하면서 약자의 피와 눈물이 묻은 제물로 하나님께 드리는 제사는 하나님이 받지 않으시는 제사입니다. 하나님이 원하시는 제사는 공의와 평화입니다.

말씀묵상

신앙은 태도가 중요합니다. 용납할 것은 용납하고, 거절해야 하는 것은 철저히 거절해야 합니다.
"악은 어떤 모양이라도 버리라"(살전 5:22)

말씀적용 오늘의 감사

말씀적용

오늘의 감사

믿음으로 감사

소망으로 감사

사랑으로 감사

말씀암송

행 4:11 이 예수는 너희 건축자들의 버린 [ ]로서 집 모퉁이의 [ ][ ][ ]이 되었느니라

말씀기도

❶ 주 예수 그리스도를 만왕의 왕으로 모시는 삶을 살게 하소서.
❷ 죄를 멀리하고 지은 죄를 철저히 회개하게 하소서.
❸ 예수 그리스도 한 분만을 위해 살아가는 신자가 되게 하소서.

말씀배경 지식

성경은 예수 그리스도만이 유일한 구원의 길이라고 분명히 말하고 있다. 하지만 또한 하나님은 절대 고정하며 자비로운 분이라고 가르친다. 어쩌면 이 두 가지 진리의 조화 속에 해답이 있을 것이다. 우리가 알아야 할 것은, 구원은 우리 하나님을 사랑하는 데에 따른 결과가 아니라 하나님이 우리를 사랑하시는 데에 따른 결과라는 점이다. 구원은 우리의 선행이나 노력으로 이루어지는 것이 아니라 하나님의 은혜인 것이다.

5 일차 365

하나님과 동행

1월 5일

창세기 5장 | 마태복음 5장 | 에스라 5장 | 사도행전 5장

말씀 연결 하나님과 동행함과 천국의 규범 (창 5, 마 5)

창세기 5장 | 탄생과 죽음, 하나님과의 동행

5:1 이것은 아담의 계보를 적은 책이니라 하나님이 사람을 창조하실 때에 하나님의 모양대로 지으시되

5:22 므두셀라를 낳은 후 삼백 년을 하나님과 동행하며 자녀들을 낳았으며

5:24 에녹이 하나님과 동행하더니 하나님이 그를 데려가시므로 세상에 있지 아니하였더라

마태복음 5장 | 하나님과 동행하는 기준, 천국의 규범

5:5 온유한 자는 복이 있나니 그들이 땅을 기업으로 받을 것임이요

5:6 의에 주리고 목마른 자는 복이 있나니 그들이 배부를 것임이요

5:13 너희는 세상의 소금이니 소금이 만일 그 맛을 잃으면 무엇으로 짜게 하리요 후에는 아무 쓸 데 없어 다만 밖에 버려져 사람에게 밟힐 뿐이니라

5:14 너희는 세상의 빛이라 산 위에 있는 동네가 숨겨지지 못할 것이요

5:15 사람이 등불을 켜서 말 아래에 두지 아니하고 등경 위에 두나니 이러므로 집 안 모든 사람에게 비치느니라

5:17 내가 율법이나 선지자를 폐하러 온 줄로 생각하지 말라 폐하러 온 것이 아니요 완전하게 하려 함이라

5:18 진실로 너희에게 이르노니 천지가 없어지기 전에는 율법의 일점 일획도 결코 없어지지 아니하고 다 이루리라

5:22 나는 너희에게 이르노니 형제에게 노하는 자마다 심판을 받게 되고 형제를 대하여 라가라 하는 자는 공회에 잡혀가게 되고 미련한 놈이라 하는 자는 지옥 불에 들어가게 되리라

오늘의 찬양
찬송가 430장 | 주와 같이 길 가는 것

맥체인성경365
22p

말씀 연결 성전 건축과 물질에 대한 용납과 거절 (스 5, 행 5)

에스라 5장 | 하나님과 동행과 성전 건축

5:1 선지자들 곧 선지자 학개와 잇도의 손자 스가랴가 이스라엘의 하나님의 이름으로 유다와 예루살렘에 거주하는 유다 사람들에게 예언하였더니

5:2 이에 스알디엘의 아들 스룹바벨과 요사닥의 아들 예수아가 일어나 예루살렘에 있던 하나님의 성전을 다시 건축하기 시작하매 하나님의 선지자들이 함께 있어 그들을 돕더니

5:5 하나님이 유다 장로들을 돌보셨으므로 그들이 능히 공사를 막지 못하고 이 일을 다리오에게 아뢰고 그 답장이 오기를 기다렸더라

5:8 왕께 아뢰옵나이다 우리가 유다 도에 가서 지극히 크신 하나님의 성전에 나아가 본즉 성전을 큰 돌로 세우며 벽에 나무를 얹고 부지런히 일하므로 공사가 그 손에서 형통하옵기에

5:11 그들이 우리에게 대답하여 이르기를 우리는 천지의 하나님의 종이라 예전에 건축되었던 성전을 우리가 다시 건축하노라 이는 본래 이스라엘의 큰 왕이 건축하여 완공한 것이었으나

사도행전 5장 | 하나님과의 동행을 위한 순종

5:5 아나니아가 이 말을 듣고 엎드러져 혼이 떠나니 이 일을 듣는 사람이 다 크게 두려워하더라

5:9 베드로가 이르되 너희가 어찌 함께 꾀하여 주의 영을 시험하려 하느냐 보라 네 남편을 장사하고 오는 사람들의 발이 문 앞에 이르렀으니 또 너를 메어 내가리라 하니

5:17 대제사장과 그와 함께 있는 사람 즉 사두개인의 당파가 다 마음에 시기가 가득하여 일어나서

5:19 주의 사자가 밤에 옥문을 열고 끌어내어 이르되

5:32 우리는 이 일에 증인이요 하나님이 자기에게 순종하는 사람들에게 주신 성령도 그러하니라 하더라

5:34 바리새인 가말리엘은 율법교사로 모든 백성에게 존경을 받는 자라 공회 중에 일어나 명하여 사도들을 잠깐 밖에 나가게 하고

더 깊은 묵상

사람은 누구나 이 땅에 한번 태어나면 짧든 길든 자신의 인생을 살다가 누구든 죽음을 맞이합니다. 에녹의 삶을 통해 한번 태어났다 한번 죽는 우리의 인생에서 의미 있는 인생은 하나님과 동행하는 삶이란 것을 성경은 말하고 있습니다.

하나님과 동행하는 삶이란 '심령이 가난한 자, 애통하는 자, 온유한 자, 의에 주리고 목마른 자, 긍휼히 여기는 자, 마음이 청결한 자, 화평케 하는 자, 의를 위하여 박해를 받는 자'라고 예수님은 산상수훈을 통해 가르쳐 주십니다. 그러면서 예수님은 "나는 너희에게 이르노니 너희 원수를 사랑하며 너희를 박해하는 자를 위하여 기도하라"(마 5:44). "너희가 너희를 사랑하는 자를 사랑하면 무슨 상이 있으리요 세리도 이같이 아니하느냐"(마 5:46)며 우리에게 하나님과 동행하는 삶은 세상의 가치와 기준, 세상의 상식을 뛰어넘는 삶이란 것을 가르쳐 주십니다.

세상의 기준으로만 이야기하면 자신의 재산을 팔아 대부분을 내놓았던 아나니아와 삽비라는 죽음이 아니라 칭찬받아 마땅한 삶이었을 것입니다. 그러나 세상이 아니라 하나님 앞에 거짓말하고, 주의 영을 시험하려 했던 아나니아와 삽비라가 죽음을 맞이하는 장면을 통해 하나님과 동행하는 삶은 세상과는 전혀 다름을 보여주십니다. 하나님과 동행하는 삶은 그 마음의 중심에 하나님이 계시는 삶입니다. 세상을 속일 수는 있습니다. 자기 자신을 속일 수도 있습니다. 그러나 하나님을 속이는 것은 불가능한 일입니다.

말씀묵상

오늘 누구(무엇)와 동행하십니까? 성도는 평생을 하나님과 동행해야 합니다. 하나님의 성령이 거하시는 성전으로서 하나님을 닮아가야 합니다. 이를 위해 하나님께 즉각적으로 순종해야 합니다.

말씀적용 오늘의 감사

말씀적용

오늘의 감사

믿음으로 감사

소망으로 감사

사랑으로 감사

말씀암송

마 5:18 진실로 너희에게 이르노니 천지가 없어지기 전에는 [ ][ ]의 [ ][ ] [ ][ ]도 결코 없어지지 아니하고 다 이루리라

말씀기도

❶ 주님과 온전한 동행을 하는지를 생각하게 하소서.
❷ 천국의 규범을 따라 주님과 동행하는 삶을 살게 하소서.
❸ 오직 주님만을 위한 삶이 되며 순종하며 살아가게 하소서.

말씀배경 지식

이스라엘의 예배 제도에서 제단은 중심적인 위치를 차지한다. 제단은 속죄가 이루어지는 유일한 장소이다. 범죄한 인간이 용서를 확신하면서 안전하게 하나님을 만날 수 있는 곳이 바로 제단이었다. 하지만 유대인들이 바벨론 포로 생활에서 본토 예루살렘으로 돌아왔을 때, 그들이 제단을 재건한 동기는 죄의식 때문이 아니었다. 그들은 옛 성전 터에 제단을 세우고 번제와 즐거이 드리는 예물을 바쳤다. 번제는 하나님께 온전한 헌신을 한다는 의미의 제사였으며, 즐거이 드리는 예물은 하나님과의 교제와 화목을 상징하는 자발적인 감사의 제물이었다.

6 일차 365

1월 6일

하나님과 동행

창세기 6장 | 마태복음 6장 | 에스라 6장 | 사도행전 6장

말씀 연결 하나님과 동행과 삶의 영역 (창 6, 마 6)

창세기 6장 | 죄악 가득한 세상에서 하나님과 동행함

6:2 하나님의 아들들이 사람의 딸들의 아름다움을 보고 자기들이 좋아하는 모든 여자를 아내로 삼는지라

6:3 여호와께서 이르시되 나의 영이 영원히 사람과 함께 하지 아니하리니 이는 그들이 육신이 됨이라 그러나 그들의 날은 백이십 년이 되리라 하시니라

6:4 당시에 땅에는 네피림이 있었고 그 후에도 하나님의 아들들이 사람의 딸들에게로 들어와 자식을 낳았으니 그들은 용사라 고대에 명성이 있는 사람들이었더라

6:7 이르시되 내가 창조한 사람을 내가 지면에서 쓸어버리되 사람으로부터 가축과 기는 것과 공중의 새까지 그리하리니 이는 내가 그것들을 지었음을 한탄함이니라 하시니라

6:18 그러나 너와는 내가 내 언약을 세우리니 너는 네 아들들과 네 아내와 네 며느리들과 함께 그 방주로 들어가고

마태복음 6장 | 하나님과 동행하는 삶의 영역들

6:2 그러므로 구제할 때에 외식하는 자가 사람에게서 영광을 받으려고 회당과 거리에서 하는 것 같이 너희 앞에 나팔을 불지 말라 진실로 너희에게 이르노니 그들은 자기 상을 이미 받았느니라

6:6 너는 기도할 때에 네 골방에 들어가 문을 닫고 은밀한 중에 계신 네 아버지께 기도하라 은밀한 중에 보시는 네 아버지께서 갚으시리라

6:19 너희를 위하여 보물을 땅에 쌓아 두지 말라 거기는 좀과 동록이 해하며 도둑이 구멍을 뚫고 도둑질하느니라

6:22 눈은 몸의 등불이니 그러므로 네 눈이 성하면 온 몸이 밝을 것이요

6:30 오늘 있다가 내일 아궁이에 던져지는 들풀도 하나님이 이렇게 입히시거든 하물며 너희일까보냐 믿음이 작은 자들아

6:33 그런즉 너희는 먼저 그의 나라와 그의 의를 구하라 그리하면 이 모든 것을 너희에게 더하시리라

오늘의 찬양

찬송가 515장 | 눈을 들어 하늘 보라

맥체인성경365
28p

말씀 연결 하나님과 동행하는 자의 삶과 형통 (스 6, 행 6)

에스라 6장 | 하나님과 동행하는 자의 형통

6:2 메대도 악메다 궁성에서 한 두루마리를 찾았으니 거기에 기록하였으되

6:4 큰 돌 세 켜에 새 나무 한 켜를 놓으라 그 경비는 다 왕실에서 내리라

6:8 내가 또 조서를 내려서 하나님의 이 성전을 건축함에 대하여 너희가 유다 사
람의 장로들에게 행할 것을 알리노니 왕의 재산 곧 유브라데 강 건너편에서 거둔
세금 중에서 그 경비를 이 사람들에게 끊임없이 주어 그들로 멈추지 않게 하라

6:10 그들이 하늘의 하나님께 향기로운 제물을 드려 왕과 왕자들의 생명을 위하
여 기도하게 하라

6:11 내가 또 명령을 내리노니 누구를 막론하고 이 명령을 변조하면 그의 집에
서 들보를 빼내고 그를 그 위에 매어달게 하고 그의 집은 이로 말미암아 거름더
미가 되게 하라

6:15 다리오 왕 제육년 아달월 삼일에 성전 일을 끝내니라

6:16 이스라엘 자손과 제사장들과 레위 사람들과 기타 사로잡혔던 자의 자손이
즐거이 하나님의 성전 봉헌식을 행하니

6:18 제사장을 그 분반대로, 레위 사람을 그 순차대로 세워 예루살렘에서 하나
님을 섬기게 하되 모세의 책에 기록된 대로 하게 하니라

사도행전 6장 | 하나님과 동행하는 자의 삶

6:1 그 때에 제자가 더 많아졌는데 헬라파 유대인들이 자기의 과부들이 매일의 구
제에 빠지므로 히브리파 사람을 원망하니

6:5 온 무리가 이 말을 기뻐하여 믿음과 성령이 충만한 사람 스데반과 또 빌립과 브
로고로와 니가노르와 디몬과 바메나와 유대교에 입교했던 안디옥 사람 니골라를
택하여

6:6 사도들 앞에 세우니 사도들이 기도하고 그들에게 안수하니라

6:9 이른 바 자유민들 즉 구레네인, 알렉산드리아인, 길리기아와 아시아에서 온 사
람들의 회당에서 어떤 자들이 일어나 스데반과 더불어 논쟁할새

6:13 거짓 증인들을 세우니 이르되 이 사람이 이 거룩한 곳과 율법을 거슬러 말하
기를 마지 아니하는도다

더 깊은 묵상

오늘의 말씀들은 계속해서 하나님과 동행하는 삶에 대해 말씀하고 있습니다. 그 삶은 하나님의 말씀에 순종하고 하늘나라에 보물을 쌓아두는 삶입니다.

노아는 하나님께서 자신에게 명하신 것을 그대로 다 준행하는 삶을 살았습니다(창 6:22). 그래서 하나님은 노아를 "의인이요 당대에 완전한 자라 그는 하나님과 동행하였"다고(창 6:9) 말씀하셨습니다.

온갖 방해와 난관에도 불구하고 하나님과 동행하여 하나님의 성전건축을 완성한 사람들은 모두 형통하였다고 성경은 기록하고 있습니다(스 6:14). 그래서 그들은 성전건축을 완성한 후 하나님께 봉헌하며 즐거운 마음으로 유월절을 지켰고 하나님은 그들의 마음을 즐겁게 하셨습니다(스 6:22).

"사람에게 보이려고 그들 앞에서 너희 의를 행하지 않도록"(마 6:1), "네 구제함을 은밀하게 하라 은밀한 중에 보시는 너의 아버지께서 갚으시리라"(마 6:4,18), "오직 너희를 위하여 보물을 하늘에 쌓아 두라"(마 6:20), "너희는 먼저 그의 나라와 그의 의를 구하라 그리하면 이 모든 것을 너희에게 더하시리라"고 하십니다(마 6:33). 사람에게 보이기 위해 의를 행하거나 구제하거나 기도하지 말고, 오직 하늘에 보물을 쌓아두고 먼저 하나님 나라와 그 의를 구하라고 하십니다. 사람에게 보이기 위한 것들은 사람이 보고, 하나님께 보이기 위한 것은 하나님이 보시는 법입니다. 남들이 알아주지 않아도 마음 쓰지 않아도 되는 것은 하나님이 모두 아시고 하늘에 쌓아두시기 때문입니다.

말씀묵상

성도는 이 세상 모든 삶의 영역에서 하나님과 동행해야 합니다. 장소의 구별이 있어서는 안됩니다. 교회 안과 밖에서 하나님과 동행하되, 오직 성령으로 충만하여 말씀과 기도로 나아가야 합니다.

말씀적용 오늘의 감사

말씀적용

오늘의 감사

믿음으로 감사

소망으로 감사

사랑으로 감사

말씀암송

마 6:33 그런즉 너희는 먼저 그의 [ ][ ]와 그의 [ ]를 구하라 그리하면 이 모든 것을 너희에게 더하시리라

말씀기도

❶ 죄악이 가득한 세상에서 하나님과 동행하는 삶을 살게 하소서.
❷ 주님의 능력을 따라 금식하고 구제하며 주님의 성전을 올바르게 세워가는 삶이 되게 하소서.
❸ 오직 기도와 말씀으로 성령 충만하게 하소서.

말씀배경 지식

다리오 왕의 조소로 성전 재건 공사가 신속하게 진행되어 이스라엘 백성들은 성전 봉헌식과 함께 유월절을 지키게 된다. 여기서 유월절은 단순히 출애굽 사건을 기념하는 것만이 아니라 예배의 회복으로 말미암아 하나님과 교제를 회복으로 말미암아 하나님과의 교제를 회복하고 여호와의 구원과 은혜를 확인하는 의미를 지니고 있다.

7 일차 365

1월 7일

하나님의 선한 손의 도우심

창세기 7장 | 마태복음 7장 | 에스라 7장 | 사도행전 7장

말씀 연결 구하는 자에게 주시는 하나님 (창 7, 마 7)

창세기 7장 | 죄악 중에도 선한 씨를 남기시는 하나님

7:1 여호와께서 노아에게 이르시되 너와 네 온 집은 방주로 들어가라 이 세대에
서 네가 내 앞에 의로움을 내가 보았음이니라

7:2 너는 모든 정결한 짐승은 암수 일곱씩, 부정한 것은 암수 둘씩을 네게로 데려
오며

7:4 지금부터 칠 일이면 내가 사십 주야를 땅에 비를 내려 내가 지은 모든 생물
을 지면에서 쓸어버리리라

7:16 들어간 것들은 모든 것의 암수라 하나님이 그에게 명하신 대로 들어가매
여호와께서 그를 들여보내고 문을 닫으시니라

7:20 물이 불어서 십오 규빗이나 오르니 산들이 잠긴지라

7:22 육지에 있어 그 코에 생명의 기운의 숨이 있는 것은 다 죽었더라

마태복음 7장 | 구하는 자에게 주시는 하나님

7:1 비판을 받지 아니하려거든 비판하지 말라

7:3 어찌하여 형제의 눈 속에 있는 티는 보고 네 눈 속에 있는 들보는 깨닫지 못
하느냐

7:8 구하는 이마다 받을 것이요 찾는 이는 찾아낼 것이요 두드리는 이에게는 열
릴 것이니라

7:21 나더러 주여 주여 하는 자마다 다 천국에 들어갈 것이 아니요 다만 하늘에
계신 내 아버지의 뜻대로 행하는 자라야 들어가리라

7:22 그 날에 많은 사람이 나더러 이르되 주여 주여 우리가 주의 이름으로 선지
자 노릇 하며 주의 이름으로 귀신을 쫓아 내며 주의 이름으로 많은 권능을 행하
지 아니하였나이까 하리니

7:24 그러므로 누구든지 나의 이 말을 듣고 행하는 자는 그 집을 반석 위에 지은
지혜로운 사람 같으리니

7:25 비가 내리고 창수가 나고 바람이 불어 그 집에 부딪치되 무너지지 아니하
나니 이는 주추를 반석 위에 놓은 까닭이요

오늘의 찬양

찬송가 430장 | 주와 같이 길 가는 것

맥체인성경365
33p

말씀 연결 하나님의 선한 도우심과 형통 (스 7, 행 7)

에스라 7장 | 하나님의 선한 손의 도우심을 통한 형통함

7:1 이 일 후에 바사 왕 아닥사스다가 왕위에 있을 때에 에스라라 하는 자가 있
으니라 그는 스라야의 아들이요 아사랴의 손자요 힐기야의 증손이요

7:6 이 에스라가 바벨론에서 올라왔으니 그는 이스라엘의 하나님 여호와께서 주
신 모세의 율법에 익숙한 학자로서 그의 하나님 여호와의 도우심을 입음으로 왕
에게 구하는 것은 다 받는 자이더니

7:12 모든 왕의 왕 아닥사스다는 하늘의 하나님의 율법에 완전한 학자 겸 제사
장 에스라에게

7:13 조서를 내리노니 우리 나라에 있는 이스라엘 백성과 그들 제사장들과 레위
사람들 중에 예루살렘으로 올라갈 뜻이 있는 자는 누구든지 너와 함께 갈지어다

7:16 또 네가 바벨론 온 도에서 얻을 모든 은금과 및 백성과 제사장들이 예루살
렘에 있는 그들의 하나님의 성전을 위하여 기쁘게 드릴 예물을 가져다가

7:22 은은 백 달란트까지, 밀은 백 고르까지, 포도주는 백 밧까지, 기름도 백 밧
까지 하고 소금은 정량 없이 하라

사도행전 7장 | 이스라엘 구원을 위한 하나님의 선한 손의 도우심

7:2 스데반이 이르되 여러분 부형들이여 들으소서 우리 조상 아브라함이 하란에
있기 전 메소보다미아에 있을 때에 영광의 하나님이 그에게 보여

7:8 할례의 언약을 아브라함에게 주셨더니 그가 이삭을 낳아 여드레 만에 할례를
행하고 이삭이 야곱을, 야곱이 우리 열두 조상을 낳으니라

7:22 모세가 애굽 사람의 모든 지혜를 배워 그의 말과 하는 일들이 능하더라

7:38 시내 산에서 말하던 그 천사와 우리 조상들과 함께 광야 교회에 있었고 또 살
아 있는 말씀을 받아 우리에게 주던 자가 이 사람이라

7:44 광야에서 우리 조상들에게 증거의 장막이 있었으니 이것은 모세에게 말씀하
신 이가 명하사 그가 본 그 양식대로 만들게 하신 것이라

7:58 성 밖으로 내치고 돌로 칠새 증인들이 옷을 벗어 사울이라 하는 청년의 발 앞
에 두니라

더 깊은 묵상

하나님은 세상에 죄악이 충만하여 죄인들과 함께 그 죄악들을 대홍수로 쓸어 버리실 때도 노아를 통해 이 세상에 선한 믿음의 씨앗을 남겨놓으셨습니다. 뿐만 아니라 하나님이 창조하신 온갖 피조물들도 한 쌍씩 방주에 태워 그 씨앗을 보존하게 도우셨습니다. 이것이 하니님의 사랑이고 은총입니다. 세상 가운데서 죄악으로 인해 멸망할 수밖에 없었던 우리에게 구약 시대 노아의 방주처럼 신약 시대에 예수 그리스도의 십자가를 통해 우리를 구원해주신 바로 그 사랑, 그 은총입니다.

하나님은 우리에게 "구하라 그리하면 주실 것이요 문을 두드리라 열릴 것이라"라고 말씀하십니다. 하늘에 계신 우리 아버지는 우리가 구할 때 가장 좋은 것으로 주시는 선한 아버지이십니다(마 7:11).

하나님을 모르는 이방의 왕을 통해서도 하나님은 자기 백성을 도우십니다. 하나님의 선한 손의 도우심을 힘입어(스 7:9) 아닥사스다 왕이 조서를 내려 하나님의 성전에 쓰일 것은 은과 금을 비롯해서 무엇이든지 왕의 궁중 창고에서 내다 쓰게 하고 하나님의 명령과 왕의 명령을 준행하지 않는 자는 죽이거나 옥에 가두라는 명령을 내리게 합니다(스 7:11-26). 이것이 하나님의 은혜입니다.

이런 하나님의 도우심은 순교자 스데반의 고백 속에도 고스란히 드러납니다. 스데반은 아브라함으로부터 시작해서 출애굽을 하고 가나안땅을 정복한 후 다윗과 솔로몬 왕에 이르기까지 어떻게 하나님께서 이스라엘 백성들을 도우셨는가를 이야기합니다. 그리고 돌에 맞아 죽는 순교의 순간까지도 "주여 이 죄를 그들에게 돌리지 마옵소서"라고 용서를 구하는 기도를 드립니다. 하나님의 풍성하신 은혜와 도우심으로 성령 충만하였던 스데반은 죽음의 순간에도 자신을 죽이려는 이들을 용서하고 하나님의 은혜와 도우심을 구하는 기도를 드리고 있습니다. 진정한 성령 충만의 모습입니다.

말씀묵상

답답하고 막힌 일 가운데서도 하나님의 선한 손의 도우심을 기대하며 기도해야 합니다. 하나님은 신자가 도움을 요청할 때 손을 거두시는 법이 없습니다. 지금 하나님의 선한 손의 도우심을 간구해야 합니다.

말씀적용 오늘의 감사

말씀적용

오늘의 감사

믿음으로 감사

소망으로 감사

사랑으로 감사

말씀암송

창 7:1 여호와께서 노아에게 이르시되 너와 네 온 집은 ☐☐로 들어가라 이 세대에서 네가 내 앞에 ☐☐☐을 내가 보았음이니라

말씀기도

❶ 오늘 계획하는 모든 일에 하나님의 선한 도우심의 손길을 기대하게 하소서.

❷ 우리가 기도할 때 응답하시고 순전한 백성으로 구별하여 모든 대적에게 보호하시고 지켜주시는 은혜를 베풀어 주소서.

❸ 온전한 사명의 길을 걷게 하소서.

말씀배경 지식

공룡이 노아 방주에 탔을까 하는 의문.

공룡은 인기가 많은 동물이다. 움직이는 동물 중에서 가장 거대한 몸집을 가진 동물일 것이다. 그 거대한 동물인 공룡이 노아 방주에 탔을까 하는 내용은 성경 어디에도 없다. 과학자들은 약 1억 년 전쯤에 사라졌다고 말한다. 대부분 성경학자들은 창세기에 나오는 대홍수의 사건이 일어나기 오래전에 공룡이 지구상에서 사라졌다고 믿고 있다. 즉 공룡은 노아의 방주에 타지 않았다는 것이다. 그러나 이보다는 성경에서 공룡을 찾을 수 없는 다른 이유가 있다. 성경은 우리에게 모든 것을 말해주기 위해 쓰인 것이 아니다. 성경은 공룡에 관한 이야기가 아니라 사람들에 대한 이야기와 우리 삶에 대한 하나님의 계획을 이야기해 주고 있다.

8 일차 365

1월 8일

하나님의 선한 손의 도우심(2)

창세기 8장 | 마태복음 8장 | 에스라 8장 | 사도행전 8장

말씀 연결 생육하고 번성하며, 하나님의 선한 손의 도우심 (창 8, 마 8)

창세기 8장 | 홍수 후 다시 생육하고 번성을 명하시는 하나님의 손길

8:1 하나님이 노아와 그와 함께 방주에 있는 모든 들짐승과 가축을 기억하사 하
나님이 바람을 땅 위에 불게 하시매 물이 줄어들었고

8:4 일곱째 달 곧 그 달 열이렛날에 방주가 아라랏 산에 머물렀으며

8:11 저녁때에 비둘기가 그에게로 돌아왔는데 그 입에 감람나무 새 잎사귀가 있
는지라 이에 노아가 땅에 물이 줄어든 줄을 알았으며

8:13 육백일 년 첫째 달 곧 그 달 초하룻날에 땅 위에서 물이 걷힌지라 노아가 방
주 뚜껑을 제치고 본즉 지면에서 물이 걷혔더니

8:17 너와 함께 한 모든 혈육 있는 생물 곧 새와 가축과 땅에 기는 모든 것을 다
이끌어내라 이것들이 땅에서 생육하고 땅에서 번성하리라 하시매

8:21 여호와께서 그 향기를 받으시고 그 중심에 이르시되 내가 다시는 사람으로
말미암아 땅을 저주하지 아니하리니 이는 사람의 마음이 계획하는 바가 어려서
부터 악함이라 내가 전에 행한 것 같이 모든 생물을 다시 멸하지 아니하리니

마태복음 8장 | 모든 악한 것을 고치심을 통해 선한 도우심의 손길

8:4 예수께서 이르시되 삼가 아무에게도 이르지 말고 다만 가서 제사장에게 네
몸을 보이고 모세가 명한 예물을 드려 그들에게 입증하라 하시니라

8:5 예수께서 가버나움에 들어가시니 한 백부장이 나아와 간구하여

8:10 예수께서 들으시고 놀랍게 여겨 따르는 자들에게 이르시되 내가 진실로 너
희에게 이르노니 이스라엘 중 아무에게서도 이만한 믿음을 보지 못하였노라

8:11 또 너희에게 이르노니 동 서로부터 많은 사람이 이르러 아브라함과 이삭과
야곱과 함께 천국에 앉으려니와

8:12 그 나라의 본 자손들은 바깥 어두운 데 쫓겨나 거기서 울며 이를 갈게 되리라

8:22 예수께서 이르시되 죽은 자들이 그들의 죽은 자들을 장사하게 하고 너는
나를 따르라 하시니라

8:34 온 시내가 예수를 만나려고 나가서 보고 그 지방에서 떠나시기를 간구하더
라

오늘의 찬양
찬송가 304장 | 그 크신 하나님의 사랑

맥체인성경365
39p

말씀 연결 도우심을 통한 형통함과 박해 중 복음을 전파하기 위한 도우심의 손길 (스 8, 행 8)

에스라 8장 | 하나님의 선한 도우심을 통한 형통함

8:4 바핫모압 자손 중에서는 스라히야의 아들 엘여호에내니 그와 함께 있는 남
자가 이백 명이요

8:10 슬로밋 자손 중에서는 요시뱌의 아들이니 그와 함께 있는 남자가 백육십
명이요

8:15 내가 무리를 아하와로 흐르는 강 가에 모으고 거기서 삼 일 동안 장막에 머
물며 백성과 제사장들을 살핀즉 그 중에 레위 자손이 한 사람도 없는지라

8:21 그 때에 내가 아하와 강 가에서 금식을 선포하고 우리 하나님 앞에서 스스
로 겸비하여 우리와 우리 어린 아이와 모든 소유를 위하여 평탄한 길을 그에게
간구하였으니

8:22 이는 우리가 전에 왕에게 아뢰기를 우리 하나님의 손은 자기를 찾는 모든
자에게 선을 베푸시고 자기를 배반하는 모든 자에게는 권능과 진노를 내리신다
하였으므로 길에서 적군을 막고 우리를 도울 보병과 마병을 왕에게 구하기를 부
끄러워 하였음이라

사도행전 8장 | 박해 중 복음을 전파하기 위한 도우시는 선한 손길

8:1 사울은 그가 죽임 당함을 마땅히 여기더라 그 날에 예루살렘에 있는 교회에 큰
박해가 있어 사도 외에는 다 유대와 사마리아 모든 땅으로 흩어지니라

8:3 사울이 교회를 잔멸할새 각 집에 들어가 남녀를 끌어다가 옥에 넘기니라

8:5 빌립이 사마리아 성에 내려가 그리스도를 백성에게 전파하니

8:10 낮은 사람부터 높은 사람까지 다 따르며 이르되 이 사람은 크다 일컫는 하나
님의 능력이라 하더라

8:14 예루살렘에 있는 사도들이 사마리아도 하나님의 말씀을 받았다 함을 듣고 베
드로와 요한을 보내매

8:16 이는 아직 한 사람에게도 성령 내리신 일이 없고 오직 주 예수의 이름으로 세
례만 받을 뿐이더라

8:40 빌립은 아소도에 나타나 여러 성을 지나 다니며 복음을 전하고 가이사랴에
이르니라

더 깊은 묵상

우리는 때론 하나님을 잘 이해하지 못하고 하나님을 오해하곤 합니다. '아무리 세상에 죄악이 가득하다고 해도 세상 사람들을 대홍수로 다 멸망시키시다니, 하나님이 너무 하신 것 아냐?' 이렇게 생각하기도 하지요. 이것은 부모가 회초리를 들면 대부분의 아이들이 '우리 부모님은 나를 사랑하시지 않는 것 같아. 어떻게 매로 때릴 수가 있지?'라고 생각하는 것과 같을 겁니다. 그 아이가 자라서 나중에 어른이 되고 부모가 되면 그제야 부모님의 마음을 이해하게 됩니다. 자식의 잘못을 나무라고 고쳐주지 않는 부모가 매를 드는 부모보다 더 나쁜 부모라는 것을, 자식의 종아리에 상처가 생길 때 부모님의 마음에도 더 깊은 상처가 생겼었다는 것을 말입니다.

우리를 도우시는 하나님의 선한 손은 언제나 우리와 함께하십니다. 대홍수로 멸망할 때도 하나님은 노아와 그 방주 속에 있는 모든 생명을 통해 세상을 구원할 씨앗들을 숨겨놓으셨고, 예루살렘의 성전이 무너지고 모든 민족이 포로로 잡혀갔을 때도 하나님은 먼 훗날 돌아와 다시 성전을 건축할 후손들과 그들을 도울 손길들을 미리 계획하셨습니다. 초대 예루살렘 교회에 큰 박해가 있어서 교회가 뿔뿔이 흩어질 때도 하나님은 그 흩어진 사람들을 통해 사마리아와 땅끝까지 이르러 복음이 전해지도록 선한 손길로 도우셨습니다.

혹시 지금 삶의 고통 한가운데서 하나님께 기도 중이신가요? 그렇다면 지금의 이 고통 가운데서도 나를 성숙시키시고 나를 도우시기 위해 분주하게 일하시는 하나님의 손길을 믿으세요.

말씀묵상

하나님은 성도의 모든 삶의 영역에서 역사하시고 도우실 수 있는 분입니다. 겸비하여 간구할 때 외면치 아니하시는 하나님께 구해야 합니다. 환난 중에라도 하나님의 도우심을 경험하게 될 것입니다.

말씀적용 오늘의 감사

말씀적용

오늘의 감사

믿음으로 감사

소망으로 감사

사랑으로 감사

말씀암송

행 8:16 이는 아직 한 사람에게도 □□ 내리신 일이 없고 오직 주 예수의 이름으로 세례만 받을 뿐이더라

말씀기도

❶ 생육하고 번성하라는 주님의 도우심을 간구하게 하소서.
❷ 우리의 모든 육신의 연약함을 고쳐 주소서.
❸ 주님의 은혜와 능력을 힘입어 살아가게 하소서.

말씀배경 지식

에스라와 함께 귀환한 2차 귀환자들의 계보와 수효에 대한 기록이다. 2차 귀환자들의 수효는 남자만 1,773명이며, 어린이와 부녀자들을 합치면 약 9천 명 정도이다. 귀환 도중 에스라는 성전에서 봉사할 레위인들을 모집하고 금식 기도를 한 후 예루살렘으로 향한다. 그리고 약 4개월에 걸친 긴 여행을 무사히 마친 것에 대한 감사 제사를 드린다.

9 일차 365

1월 9일

번성의 약속과 성취

창세기 9-10장 | 마태복음 9장 | 에스라 9장 | 사도행전 9장

말씀 연결 생육과 번성의 성취와 번성을 위한 새 출발의 시작 (창 9-10, 마 9)

창세기 9-10장 | 생육과 번성의 명령과 성취하심

9:6 다른 사람의 피를 흘리면 그 사람의 피도 흘릴 것이니 이는 하나님이 자기 형상대로 사람을 지으셨음이니라

9:11 내가 너희와 언약을 세우리니 다시는 모든 생물을 홍수로 멸하지 아니할 것이라 땅을 멸할 홍수가 다시 있지 아니하리라

9:13 내가 내 무지개를 구름 속에 두었나니 이것이 나와 세상 사이의 언약의 증거니라

10:1 노아의 아들 셈과 함과 야벳의 족보는 이러하니라 홍수 후에 그들이 아들들을 낳았으니

10:2 야벳의 아들은 고멜과 마곡과 마대와 야완과 두발과 메섹과 디라스요

10:6 함의 아들은 구스와 미스라임과 붓과 가나안이요

10:21 셈은 에벨 온 자손의 조상이요 야벳의 형이라 그에게도 자녀가 출생하였으니

마태복음 9장 | 번성을 위한 새 출발의 시작인 죄 사함과 믿음

9:2 침상에 누운 중풍병자를 사람들이 데리고 오거늘 예수께서 그들의 믿음을 보시고 중풍병자에게 이르시되 작은 자야 안심하라 네 죄 사함을 받았느니라

9:9 예수께서 그 곳을 떠나 지나가시다가 마태라 하는 사람이 세관에 앉아 있는 것을 보시고 이르시되 나를 따르라 하시니 일어나 따르니라

9:12 예수께서 들으시고 이르시되 건강한 자에게는 의사가 쓸 데 없고 병든 자에게라야 쓸 데 있느니라

9:17 새 포도주를 낡은 가죽 부대에 넣지 아니하나니 그렇게 하면 부대가 터져 포도주도 쏟아지고 부대도 버리게 됨이라 새 포도주는 새 부대에 넣어야 둘이 다 보전되느니라

9:18 예수께서 이 말씀을 하실 때에 한 관리가 와서 절하며 이르되 내 딸이 방금 죽었사오나 오셔서 그 몸에 손을 얹어 주소서 그러면 살아나겠나이다 하니

9:36 무리를 보시고 불쌍히 여기시니 이는 그들이 목자 없는 양과 같이 고생하며 기진함이라

말씀 연결 하나님 나라의 번성을 위한 법과 세운 사람들 (스 9, 행 9)

에스라 9장 | 번성하게 되는 법

9:8 이제 우리 하나님 여호와께서 우리에게 잠시 동안 은혜를 베푸사 얼마를 남
겨 두어 피하게 하신 우리를 그 거룩한 처소에 박힌 못과 같게 하시고 우리 하나
님이 우리 눈을 밝히사 우리가 종노릇 하는 중에서 조금 소생하게 하셨나이다

9:9 우리가 비록 노예가 되었사오나 우리 하나님이 우리를 그 종살이하는 중에
버려 두지 아니하시고 바사 왕들 앞에서 우리가 불쌍히 여김을 입고 소생하여 우
리 하나님의 성전을 세우게 하시며 그 무너진 것을 수리하게 하시며 유다와 예루
살렘에서 우리에게 울타리를 주셨나이다

9:14 우리가 어찌 다시 주의 계명을 거역하고 이 가증한 백성들과 통혼하오리이
까 그리하면 주께서 어찌 우리를 멸하시고 남아 피할 자가 없도록 진노하시지 아
니하시리이까

9:15 이스라엘의 하나님 여호와여 주는 의로우시니 우리가 남아 피한 것이 오늘
날과 같사옵거늘 도리어 주께 범죄하였사오니 이로 말미암아 주 앞에 한 사람도
감히 서지 못하겠나이다 하니라

사도행전 9장 | 하나님 나라 번성을 위해 세운 사람들

9:2 다메섹 여러 회당에 가져갈 공문을 청하니 이는 만일 그 도를 따르는 사람을 만
나면 남녀를 막론하고 결박하여 예루살렘으로 잡아오려 함이라

9:10 그 때에 다메섹에 아나니아라 하는 제자가 있더니 주께서 환상 중에 불러 이
르시되 아나니아야 하시거늘 대답하되 주여 내가 여기 있나이다 하니

9:11 주께서 이르시되 일어나 직가라 하는 거리로 가서 유다의 집에서 다소 사람
사울이라 하는 사람을 찾으라 그가 기도하는 중이니라

9:15 주께서 이르시되 가라 이 사람은 내 이름을 이방인과 임금들과 이스라엘 자
손들에게 전하기 위하여 택한 나의 그릇이라

9:33 거기서 애니아라 하는 사람을 만나매 그는 중풍병으로 침상 위에 누운 지 여
덟 해라

9:37 그 때에 병들어 죽으매 시체를 씻어 다락에 누이니라

9:43 베드로가 욥바에 여러 날 있어 시몬이라 하는 무두장이의 집에서 머무니라

더 깊은 묵상

태초에 천지를 창조하시고 아담과 하와를 창조하신 하나님은 "생육하고 번성하라"라고 명하셨습니다. 노아의 홍수 이후 다시 노아와 그 자손에게 하나님은 "생육하고 번성하라"라고 말씀하십니다. 그리고 그 말씀대로 그 후손들은 온 땅에 흩어져 큰 민족들을 이루고 번성하게 됩니다. 비록 죄악된 세상은 홍수를 통해 깨끗하게 쓸어버리셨지만 하나님은 다시 우리 인간이 번성할 것을 축복해 주시고 그 약속을 이루어 주셨습니다.

그러나 우리 속에 있는 근본 죄인 된 죄성은 다시 우리가 죄를 짓도록 만듭니다. 이럴 때 에스라는 다시 번성케 되는 비결을 우리에게 가르쳐 줍니다. 그것은 에스라가 옷을 찢었듯이 우리 마음을 찢고 진심으로 회개하고 하나님 앞에 나아가는 것입니다.

그러면 주님은 우리의 죄를 용서하시고 우리를 구원하여 주십니다. "나는 의인을 부르러 온 것이 아니요 죄인을 부르러 왔노라"(마 9:13), "네 믿음이 너를 구원하였다"(마 9:22).

세상이 홍수로 멸망한 이후에도, 예루살렘 교회가 큰 박해로 고난을 당하고 있는 와중에도 우리를 도우시는 하나님의 선한 손길은 구원을 예비하십니다. 노아의 방주와 그 안에서 구원받은 생명들이 그렇고, 예루살렘 교회를 박해하던 박해자에서 예수 그리스도의 구원을 전하는 전도자로 180도 변모한 사울이 그렇습니다. 메마른 사막에 생명이 없는 것처럼 보여도 비가 내리면 그 속에서는 수많은 씨앗들이 싹을 틔우고 꽃을 피우듯, 고난 속에서도 하나님의 사랑은 계속되고 있는 것입니다.

말씀묵상

성도는 번성에 대한 하나님의 명령을 기억해야 합니다. 명령하신 하나님이 친히 성취하시기에 성도는 순종하면 됩니다. 오늘 번성을 위해 누구를 만나시겠습니까? 번성의 시작은 만남에서 시작됩니다.

말씀적용 오늘의 감사

말씀적용

오늘의 감사

믿음으로 감사

소망으로 감사

사랑으로 감사

말씀암송

마 9:17 새 ☐☐☐를 낡은 가죽 부대에 넣지 아니하
나니 그렇게 하면 부대가 터져 포도주도 쏟아지고 부대도
버리게 됨이라 새 포도주는 새 ☐☐에 넣어야 둘이 다
보전되느니라

말씀기도

❶ 번성하고 충만하라고 명령하신 주님의 말씀을 받아 날마다 자신을 성결하게 하소서.
❷ 순종하며 정결하여 영적 자손을 번성시키는 삶을 살게 하소서.
❸ 자신을 쳐서 복종하게 하는 삶을 살아가게 하소서.

말씀배경 지식

창세기에서 왜 하늘에 무지개를 두셨는가? 거세게 쏟아지던 비가 그치고 난 후에 홍수로 가득찼던 물이 빠지고 노아와 그의 가족 그리고 동물들은 방주에서 나왔다. 방주에서 나온 노아는 하나님께 감사의 제사를 드렸고, 하나님은 노아에게 지구를 멸망시킬 정도의 홍수를 다시는 보내지 않겠다고 약속하셨다. 그러고 나서 하나님은 이 약속의 징표로서 구름 사이에 무지개를 두셨다. 말하자면 무지개는 우리들로 하여금 하나님의 약속과 사랑을 기억하도록 하는 멋진 그림이고 상징물이 된 것이다.

10 일차 365

1월 10일

씨의 번성을 위한 조처

창세기 11장 | 마태복음 10장 | 에스라 10장 | 사도행전 10장

말씀 연결 씨의 번성을 위한 인본주의적 방식과 대사 임명 (창11, 마 10)

창세기 11장 | 생육과 번성의 명령과 성취하심

11:1 온 땅의 언어가 하나요 말이 하나였더라

11:4 또 말하되 자, 성읍과 탑을 건설하여 그 탑 꼭대기를 하늘에 닿게 하여 우리
이름을 내고 온 지면에 흩어짐을 면하자 하였더니

11:8 여호와께서 거기서 그들을 온 지면에 흩으셨으므로 그들이 그 도시를 건설
하기를 그쳤더라

11:9 그러므로 그 이름을 바벨이라 하니 이는 여호와께서 거기서 온 땅의 언어
를 혼잡하게 하셨음이니라 여호와께서 거기서 그들을 온 지면에 흩으셨더라

11:26 데라는 칠십 세에 아브람과 나홀과 하란을 낳았더라

11:28 하란은 그 아비 데라보다 먼저 고향 갈대아인의 우르에서 죽었더라

마태복음 10장 | 씨의 번성을 위한 대사 임명

10:2 열두 사도의 이름은 이러하니 베드로라 하는 시몬을 비롯하여 그의 형제
안드레와 세베대의 아들 야고보와 그의 형제 요한,

10:3 빌립과 바돌로매, 도마와 세리 마태, 알패오의 아들 야고보와 다대오,

10:4 가나나인 시몬 및 가룟 유다 곧 예수를 판 자라

10:17 사람들을 삼가라 그들이 너희를 공회에 넘겨 주겠고 그들의 회당에서 채
찍질하리라

10:25 제자가 그 선생 같고 종이 그 상전 같으면 족하도다 집 주인을 바알세불이
라 하였거든 하물며 그 집 사람들이랴

10:38 또 자기 십자가를 지고 나를 따르지 않는 자도 내게 합당하지 아니하니라

오늘의 찬양
찬송가 598장 | 천지 주관하는 주님

맥체인성경365
53p

말씀 연결 정결하지 못한 씨의 축출과 이방인까지 하나님 나라의 씨로 허용 (스 10, 행 10)

에스라 10장 | 에스라의 개혁 운동

10:2 엘람 자손 중 여히엘의 아들 스가냐가 에스라에게 이르되 우리가 우리 하
나님께 범죄하여 이 땅 이방 여자를 맞이하여 아내로 삼았으나 이스라엘에게 아
직도 소망이 있나니

10:3 곧 내 주의 교훈을 따르며 우리 하나님의 명령을 떨며 준행하는 자의 가르
침을 따라 이 모든 아내와 그들의 소생을 다 내보내기로 우리 하나님과 언약을
세우고 율법대로 행할 것이라

10:6 이에 에스라가 하나님의 성전 앞에서 일어나 엘리아십의 아들 여호하난의
방으로 들어가니라 그가 들어가서 사로잡혔던 자들의 죄를 근심하여 음식도 먹
지 아니하며 물도 마시지 아니하더니

10:8 누구든지 방백들과 장로들의 훈시를 따라 삼일 내에 오지 아니하면 그의
재산을 적몰하고 사로잡혔던 자의 모임에서 쫓아내리라 하매

10:25 이스라엘 중에서는 바로스 자손 중에서는 라먀와 잇시야와 말기야와 미
야민과 엘르아살과 말기야와 브나야요

사도행전 10장 | 베드로와 고넬료

10:2 그가 경건하여 온 집안과 더불어 하나님을 경외하며 백성을 많이 구제하고
하나님께 항상 기도하더니

10:4 고넬료가 주목하여 보고 두려워 이르되 주여 무슨 일이니이까 천사가 이르되
네 기도와 구제가 하나님 앞에 상달되어 기억하신 바가 되었으니

10:9 이튿날 그들이 길을 가다가 그 성에 가까이 갔을 그 때에 베드로가 기도하려
고 지붕에 올라가니 그 시각은 제 육 시더라

10:12 그 안에는 땅에 있는 각종 네 발 가진 짐승과 기는 것과 공중에 나는 것들이
있더라

10:30 고넬료가 이르되 내가 나흘 전 이맘때까지 내 집에서 제 구 시 기도를 하는
데 갑자기 한 사람이 빛난 옷을 입고 내 앞에 서서

10:41 모든 백성에게 하신 것이 아니요 오직 미리 택하신 증인 곧 죽은 자 가운데
서 부활하신 후 그를 모시고 음식을 먹은 우리에게 하신 것이라

더 깊은 묵상

번영을 추구하는 세상의 방식은 자기 이름을 높이고, '우리가 남이냐?'며 같은 혈연, 지연, 학연끼리 뭉치는 것입니다(창 11:4). 이렇게 뭉치는 이유는 무엇일까요? 이유는 단 하나, 그것이 나에게 이익이 되기 때문입니다.

하지만 하나님의 방식은 자신의 이름을 높이기보다는 낮추고, 서로 뭉치기보다는 흩어지고, 내 것을 움켜쥐기보다는 나누는 것입니다. 하나님의 방식은 내게 이익이 되지 않고 오히려 손해를 보더라도 기쁘게 받아들이는 것입니다. 하나님의 방식은 또한 우리 안에 들어온 죄에 대해서, 그것이 비록 가족이라 할지라도 죄와는 분리시키는 것입니다(스 10:11).

우리의 인생에서 정말 중요한 것은 몸의 일이 아니라 영혼의 일이요, 사람을 두려워하는 것이 아니라 하나님을 두려워할 줄 아는 것이라고 말합니다(마 10:28). 예수님은 하나님 나라를 위하여, 하나님의 이름을 위하여 지극히 작은 사람 하나에게 냉수 한 그릇이라도 주는 사람은 결단코 상을 잃지 않을 것이라고 말씀하십니다(마 10:42).

참새 한 마리까지도 다 세시며 우리의 머리털 하나까지도 다 세시는 하나님께서는 "사람의 외모를 보지 아니하시고 각 나라 중 하나님을 경외하며 의를 행하는 사람은 다 받으시는"(행 10:34-35) 하나님이십니다. 그러므로 우리는 우리끼리 뭉치고, 믿는 사람과 안 믿는 사람, 이런 사람 저런 사람으로 나누기보다는, 마음으로 하나님을 경외하며 의를 행하는 사람은 모두 다 받아들여야 합니다. 우리 자신부터 먼저 하나님을 경외하며 의를 행하는 사람으로 바로 서야 합니다.

말씀묵상

하나님의 명령을 따를 때 인본주의적 생각을 철저히 내려놓아야 합니다. 특히 하나님 나라 씨의 번성은 하나님이 하나님의 대사를 세워 진행하십니다. 씨의 번성을 위한 대사임을 기억해야 합니다.

말씀적용 오늘의 감사

말씀적용

오늘의 감사

믿음으로 감사

소망으로 감사

사랑으로 감사

말씀암송

마 10:38 또 자기 [ ][ ][ ]를 지고 나를 따르지 않는 자도 내게 합당하지 아니하니라

말씀기도

❶ 사람과 사람 사이에 어떠한 벽이나 장애물 없이 마음을 열고 다가가는 제가 되게 하소서.
❷ 내 속에 남아 있는 죄의 습관을 끊어낼 수 있는 용기와 결단을 제게 주소서.
❸ 하나님을 경외하는 마음과, 구제하는 일들을 통해 제 삶의 기도가 하나님께 상달되게 하소서.

말씀배경 지식

창세기에서 바벨탑 사건을 통해 인간이 하나님과 갈라지려는 교만에서 비롯되었는데 그것은 곧 창조주에 대한 도전 행위였다. 하지만 하나님은 이 사건을 통해 언어를 혼잡하게 하심으로써 인류가 급속히 분산되도록 하는 계기로 만드셨고, 그 결과 택한 백성을 세상으로부터 구별해 내는 구속사의 촉진 기회로 삼으신 것이다.

11 일차 365

하나님께 은혜입음

1월 11일

창세기 12장 | 마태복음 11장 | 느헤미야 1장 | 사도행전 11장

말씀 연결 바벨탑 사건과 주 안에서의 쉼 (창 12, 마 11)

창세기 12장 | 아브람을 부르신 하나님

12:1 여호와께서 아브람에게 이르시되 너는 너의 고향과 친척과 아버지의 집을
떠나 내가 네게 보여 줄 땅으로 가라

12:6 아브람이 그 땅을 지나 세겜 땅 모레 상수리나무에 이르니 그 때에 가나안
사람이 그 땅에 거주하였더라

12:7 여호와께서 아브람에게 나타나 이르시되 내가 이 땅을 네 자손에게 주리라
하신지라 자기에게 나타나신 여호와께 그가 그 곳에서 제단을 쌓고

12:8 거기서 벧엘 동쪽 산으로 옮겨 장막을 치니 서쪽은 벧엘이요 동쪽은 아이
라 그가 그 곳에서 여호와께 제단을 쌓고 여호와의 이름을 부르더니

12:15 바로의 고관들도 그를 보고 바로 앞에서 칭찬하므로 그 여인을 바로의 궁
으로 이끌어들인지라

12:16 이에 바로가 그로 말미암아 아브람을 후대하므로 아브람이 양과 소와 노
비와 암수 나귀와 낙타를 얻었더라

마태복음 11장 | 메시아 선포와 복음으로 초청하는 예수

11:3 예수께 여짜오되 오실 그이가 당신이오니이까 우리가 다른 이를 기다리오
리이까

11:11 내가 진실로 너희에게 말하노니 여자가 낳은 자 중에 세례 요한보다 큰 이
가 일어남이 없도다 그러나 천국에서는 극히 작은 자라도 그보다 크니라

11:12 세례 요한의 때부터 지금까지 천국은 침노를 당하나니 침노하는 자는 빼
앗느니라

11:17 이르되 우리가 너희를 향하여 피리를 불어도 너희가 춤추지 않고 우리가
슬피 울어도 너희가 가슴을 치지 아니하였다 함과 같도다

11:27 내 아버지께서 모든 것을 내게 주셨으니 아버지 외에는 아들을 아는 자가
없고 아들과 또 아들의 소원대로 계시를 받는 자 외에는 아버지를 아는 자가 없
느니라

11:28 수고하고 무거운 짐 진 자들아 다 내게로 오라 내가 너희를 쉬게 하리라

오늘의 찬양
찬송가 347장 | 허락하신 새 땅에

맥체인성경365
60p

말씀 연결 은혜를 입은 자의 형통과 은혜의 유지 (느 1, 행 11)

느헤미아 1장 | 민족을 위해 간구하는 느헤미야

1:1 하가랴의 아들 느헤미야의 말이라 아닥사스다 왕 제이십년 기슬르월에 내가
수산 궁에 있는데

1:2 내 형제들 가운데 하나인 하나니가 두어 사람과 함께 유다에서 내게 이르렀
기로 내가 그 사로잡힘을 면하고 남아 있는 유다와 예루살렘 사람들의 형편을 물
은즉

1:4 내가 이 말을 듣고 앉아서 울고 수일 동안 슬퍼하며 하늘의 하나님 앞에 금
식하며 기도하여

1:8 옛적에 주께서 주의 종 모세에게 명령하여 이르시되 만일 너희가 범죄하면
내가 너희를 여러 나라 가운데에 흩을 것이요

1:11 주여 구하오니 귀를 기울이사 종의 기도와 주의 이름을 경외하기를 기뻐하
는 종들의 기도를 들으시고 오늘 종이 형통하여 이 사람 앞에서 은혜를 입게 하
옵소서 하였나니 그 때에 내가 왕의 술 관원이 되었느니라

사도행전 11장 | 이방 선교의 인정과 안디옥 교회 설립

11:1 유대에 있는 사도들과 형제들이 이방인들도 하나님의 말씀을 받았다 함을 들
었더니

11:3 이르되 네가 무할례자의 집에 들어가 함께 먹었다 하니

11:18 그들이 이 말을 듣고 잠잠하여 하나님께 영광을 돌려 이르되 그러면 하나님
께서 이방인에게도 생명 얻는 회개를 주셨도다 하니라

11:20 그 중에 구브로와 구레네 몇 사람이 안디옥에 이르러 헬라인에게도 말하여
주 예수를 전파하니

11:21 주의 손이 그들과 함께 하시매 수많은 사람들이 믿고 주께 돌아오더라

11:27 그 때에 선지자들이 예루살렘에서 안디옥에 이르니

11:30 이를 실행하여 바나바와 사울의 손으로 장로들에게 보내니라

더 깊은 묵상

하나님은 항상 심판 후에 새로운 구원을 약속하십니다. 왜냐하면 하나님의 심판은 심판을 위한 심판이 아니라 구원을 위한 심판이기 때문입니다. 하나님은 심판받아 마땅한 죄인이라도 회개하고 하나님께로 돌아오면 언제든지 용서하고 구원하시는 분이십니다. 이런 하나님은 노아의 홍수 심판 후, 아브람을 부르심으로 인류를 위한 구원의 큰 계획을 시작하십니다. 그러나 아브람을 통한 하나님의 구원은 금방 이루어지는 구원이 아니었습니다. 그것은 짧게는 수백 년 길게는 수천 년에 이르는 구원의 계획이었습니다.

"고향 친척과 아버지의 집을 떠나라"라는 하나님의 명령(창 12:1)에 아브람이 즉각적으로 순종한 순간부터 천국(하나님 나라)은 침노하는 자들에게 주어졌습니다. 먼저는 아브람과, 이삭과, 야곱과, 요셉을 비롯한 열두 아들(지파)에게, 나중에는 세례 요한으로부터 지금의 우리들에 이르기까지 천국은 침노하는 자들의 것이 되었습니다(마 11:12).

그리고 하나님은 우리에게 주신 회개의 선물을, 하나님의 구원의 은혜를 이방인들에게도 주시겠다고 하십니다. "하나님이 우리가 주 예수 그리스도를 믿을 때에 주신 것과 같은 선물을 그들에게도 주셨으니"(행 11:17), "이방인에게도 생명 얻는 회개를 주셨도다"(행 11:18).

그러므로 지금 우리가 해야 할 일은 우리가 누리고 있는 하나님의 은혜를 하나님을 모르는 다른 사람들과 함께 나누는 일입니다. 하나님이 주신 구원의 은혜는 우리만 누리라고 주신 것이 아니라, 모든 인간을 구원하시기 위해 우리에게 맡겨주신 사명이기도 하기 때문입니다.

말씀묵상

자격없는 우리에게 주신 하나님의 구원의 은혜는 성도의 삶의 모든 영역에 자리하고 있습니다. 침노할 때도, 쉼을 가질 때도 은혜를 베풀어 주십니다. 은혜를 입을 때 성도는 형통하게 됩니다.

말씀적용 오늘의 감사

말씀적용

오늘의 감사

믿음으로 감사

소망으로 감사

사랑으로 감사

말씀암송

마 11:28 수고하고 무거운 ☐ 진 자들아 다 내게로 오라 내가 너희를 ☐☐ 하리라

말씀기도

❶ 삶 속에서 하나님의 은혜를 깨닫게 하소서.
❷ 주님의 은혜와 사랑으로 순종하며 살아가는 삶을 살게 하소서.
❸ 성령과 동행하는 귀한 삶을 살게 하소서.

말씀배경 지식

성경 이야기의 초점은 이스라엘의 조상 아브람에게 모아졌다. 하나님께서 아브람을 가나안 땅으로 불러내신 데는 그를 통해 택한 백성 이스라엘을 조성하려는 뜻이 있었다. 하지만 하나님은 부르심에 응하여 가나안 땅으로 들어온 아브람은 이리저리 떠도는 고단한 유랑의 삶을 살아야 했다. 한편 많은 가축 떼로 인해 야기되는 조카 롯과의 분가 장면은 희생과 양보의 미덕을 갖춘 아브람의 성숙한 인격을 보여 주고 있다.

12 일차/365

1월 12일

새로운 출발

창세기 13장 | 마태복음 12장 | 느헤미야 2장 | 사도행전 12장

말씀 연결 새로운 시작 새로운 질서 (창 13, 마 12)

창세기 13장 | 아브람과 롯의 분가

13:1 아브람이 애굽에서 그와 그의 아내와 모든 소유와 롯과 함께 네게브로 올라가니

13:2 아브람에게 가축과 은과 금이 풍부하였더라

13:3 그가 네게브에서부터 길을 떠나 벧엘에 이르며 벧엘과 아이 사이 곧 전에 장막 쳤던 곳에 이르니

13:10 이에 롯이 눈을 들어 요단 지역을 바라본즉 소알까지 온 땅에 물이 넉넉하니 여호와께서 소돔과 고모라를 멸하시기 전이었으므로 여호와의 동산 같고 애굽 땅과 같았더라

13:14 롯이 아브람을 떠난 후에 여호와께서 아브람에게 이르시되 너는 눈을 들어 너 있는 곳에서 북쪽과 남쪽 그리고 동쪽과 서쪽을 바라보라

13:17 너는 일어나 그 땅을 종과 횡으로 두루 다녀 보라 내가 그것을 네게 주리라

마태복음 12장 | 주님과 바리새인의 안식일 논쟁

12:4 그가 하나님의 전에 들어가서 제사장 외에는 자기나 그 함께 한 자들이 먹어서는 안 되는 진설병을 먹지 아니하였느냐

12:5 또 안식일에 제사장들이 성전 안에서 안식을 범하여도 죄가 없음을 너희가 율법에서 읽지 못하였느냐

12:6 내가 너희에게 이르노니 성전보다 더 큰 이가 여기 있느니라

12:12 사람이 양보다 얼마나 더 귀하냐 그러므로 안식일에 선을 행하는 것이 옳으니라 하시고

12:18 보라 내가 택한 종 곧 내 마음에 기뻐하는 바 내가 사랑하는 자로다 내가 내 영을 그에게 줄 터이니 그가 심판을 이방에 알게 하리라

12:34 독사의 자식들아 너희는 악하니 어떻게 선한 말을 할 수 있느냐 이는 마음에 가득한 것을 입으로 말함이라

12:42 심판 때에 남방 여왕이 일어나 이 세대 사람을 정죄하리니 이는 그가 솔로몬의 지혜로운 말을 들으려고 땅 끝에서 왔음이거니와 솔로몬보다 더 큰 이가 여기 있느니라

오늘의 찬양

찬송가 435장 | 나의 영원하신 기업

맥체인성경365
65p

말씀 연결 새 역사를 향한 출발과 요소 (느 2, 행 12)

느헤미야 2장 | 예루살렘으로 귀환한 느헤미야

2:1 아닥사스다 왕 제이십년 니산월에 왕 앞에 포도주가 있기로 내가 그 포도주
를 왕에게 드렸는데 이전에는 내가 왕 앞에서 수심이 없었더니

2:8 또 왕의 삼림 감독 아삽에게 조서를 내리사 그가 성전에 속한 영문의 문과
성곽과 내가 들어갈 집을 위하여 들보로 쓸 재목을 내게 주게 하옵소서 하매 내
하나님의 선한 손이 나를 도우시므로 왕이 허락하고

2:9 군대 장관과 마병을 보내어 나와 함께 하게 하시기로 내가 강 서쪽에 있는
총독들에게 이르러 왕의 조서를 전하였더니

2:10 호론 사람 산발랏과 종이었던 암몬 사람 도비야가 이스라엘 자손을 흥왕하
게 하려는 사람이 왔다 함을 듣고 심히 근심하더라

2:13 그 밤에 골짜기 문으로 나가서 용정으로 분문에 이르는 동안에 보니 예루
살렘 성벽이 다 무너졌고 성문은 불탔더라

사도행전 12장 | 야고보의 순교와 베드로의 출옥

12:1 그 때에 헤롯 왕이 손을 들어 교회 중에서 몇 사람을 해하려 하여

12:2 요한의 형제 야고보를 칼로 죽이니

12:3 유대인들이 이 일을 기뻐하는 것을 보고 베드로도 잡으려 할새 때는 무교절
기간이라

12:11 이에 베드로가 정신이 들어 이르되 내가 이제야 참으로 주께서 그의 천사를
보내어 나를 헤롯의 손과 유대 백성의 모든 기대에서 벗어나게 하신 줄 알겠노라
하여

12:12 깨닫고 마가라 하는 요한의 어머니 마리아의 집에 가니 여러 사람이 거기에
모여 기도하고 있더라

12:17 베드로가 그들에게 손짓하여 조용하게 하고 주께서 자기를 이끌어 옥에서
나오게 하던 일을 말하고 또 야고보와 형제들에게 이 말을 전하라 하고 떠나 다른
곳으로 가니라

12:23 헤롯이 영광을 하나님께로 돌리지 아니하므로 주의 사자가 곧 치니 벌레에
게 먹혀 죽으니라

더 깊은 묵상

새로움에는 항상 떠남(도전)과 저항(반발)이라는 두 가지 요소가 함께하기 마련입니다. 새로워지기 위해서는 기존이 낡은 것에서 떠나는 도전이 필요합니다. 그러나 이런 새로운 도전에는 항상 기존의 것들로부터의 저항과 반발이 있게 마련입니다.

아브람과 조카 롯은 하나님의 말씀에 의지하여 고향 친척 아비 집을 떠나 새로운 땅으로 떠나는 도전을 선택했습니다. 그러나 이렇게 떠날 때에도 롯은 눈으로 보기에 에덴동산처럼 좋은 땅을 찾아 떠났지만 그곳은 죄악으로 가득 찬 소돔이었습니다. 당장 눈으로 보기 좋은 땅을 선택한 롯과는 달리 아브람은 하나님이 약속으로 주시는 땅 앞에서 맨 먼저 여호와를 위한 제단을 쌓았습니다. 떠나는 출발은 같았으나 시작할 때의 이 차이가 롯과 아브람에게 어떤 결과를 가져오는지 우리는 성경을 통해 잘 알고 있습니다.

예수님은 안식일에 밀 이삭을 자르기도 하고, 손 마른 사람을 고치기도 하는 등 기존의 율법체제에서 떠나는 새로운 모습을 보여주셨습니다. 아브람이 고향 땅이라는 물리적인 장소를 떠난 것이라면, 예수님은 율법과 성전체제라는 구체제를 떠난 것이었습니다. 그러나 율법과 성전이라는 기존의 체제에 얽매여 있던 바리새인들과 성전 종교지도자들은 예수님의 이런 행보에 크게 반발하고 저항하였습니다. 예수님은 말씀하십니다. “양 한 마리가 있어 안식일에 구덩이에 빠졌으면 끌어내지 않겠느냐 사람이 양보다 얼마나 더 귀하냐”(마 12:11-12).

혹시 우리도 종교를 위한 종교, 율법을 위한 율법에 갇혀 있는 것은 아닌지 돌아보아야겠습니다. 예수님은 세상에서 가장 귀중한 것은 생명이며, 그 생명을 구하는 것이 가장 가치 있는 일이라고 말씀하십니다.

말씀묵상

우리는 떠남을 두려워해서는 안 됩니다. 떠남 뒤에 오는 새로운 출발에 하나님의 약속이 함께 하시기 때문입니다. 말씀과 기도를 가지고 담대히 내디뎌야 합니다.

말씀적용 오늘의 감사

말씀적용

오늘의 감사

믿음으로 감사

소망으로 감사

사랑으로 감사

말씀암송

창 13:17 너는 일어나 그 땅을 [ ]과 [ ]으로 두루 다녀 보라 내가 그것을 네게 주리라

말씀기도

1. 우리의 생활 속에서 익숙한 것들의 떠나는 그 슬픔을 기억하게 하소서.
2. 새로운 삶의 길을 허락하신 주님을 기억하게 하소서.
3. 날마다 기도하며 살아가는 삶게 하소서.

말씀배경 지식

아브람과 조카 롯의 목자들 간에 심각한 다툼이 결국 분가로 이어졌다. 목초지와 물은 적은데 반해 아브람과 롯이 소유한 가축들이 너무 많기 때문이다. 이때 아브람은 다툼을 해결하기로 결심한다. 과연 아브람은 어떤 방법을 사용하여 다툼을 멈추게 했을까? 그곳에는 다툼을 멈추게 한 아브람의 위대한 양보 정신이 나타나 있기 때문이다. 대부분의 형제자매들은 이런저런 문제로 종종 다툰다. 이제 아브람에게서 다툼을 종식시키는 지혜를 배우도록 해야 한다.

13 일차 365

1월 13일

하나님 나라의 특징

창세기 14장 | 마태복음 13장 | 느헤미야 3장 | 사도행전 13장

말씀 연결 하나님의 축복과 비밀 (창 14, 마 13)

창세기 14장 | 침노하는 자에게 주어지는 축복

14:7 그들이 돌이켜 엔미스밧 곧 가데스에 이르러 아말렉 족속의 온 땅과 하사손다말에 사는 아모리 족속을 친지라

14:12 소돔에 거주하는 아브람의 조카 롯도 사로잡고 그 재물까지 노략하여 갔더라

14:13 도망한 자가 와서 히브리 사람 아브람에게 알리니 그 때에 아브람이 아모리 족속 마므레의 상수리 수풀 근처에 거주하였더라 마므레는 에스골의 형제요 또 아넬의 형제라 이들은 아브람과 동맹한 사람들이더라

14:14 아브람이 그의 조카가 사로잡혔음을 듣고 집에서 길리고 훈련된 자 삼백십팔 명을 거느리고 단까지 쫓아가서

14:17 아브람이 그돌라오멜과 그와 함께 한 왕들을 쳐부수고 돌아올 때에 소돔 왕이 사웨 골짜기 곧 왕의 골짜기로 나와 그를 영접하였고

마태복음 13장 | 하나님 나라의 비밀

13:3 예수께서 비유로 여러 가지를 그들에게 말씀하여 이르시되 씨를 뿌리는 자가 뿌리러 나가서

13:4 뿌릴새 더러는 길 가에 떨어지매 새들이 와서 먹어버렸고

13:5 더러는 흙이 얕은 돌밭에 떨어지매 흙이 깊지 아니하므로 곧 싹이 나오나

13:22 가시떨기에 뿌려졌다는 것은 말씀을 들으나 세상의 염려와 재물의 유혹에 말씀이 막혀 결실하지 못하는 자요

13:23 좋은 땅에 뿌려졌다는 것은 말씀을 듣고 깨닫는 자니 결실하여 어떤 것은 백 배, 어떤 것은 육십 배, 어떤 것은 삼십 배가 되느니라 하시더라

13:25 사람들이 잘 때에 그 원수가 와서 곡식 가운데 가라지를 덧뿌리고 갔더니

13:44 천국은 마치 밭에 감추인 보화와 같으니 사람이 이를 발견한 후 숨겨 두고 기뻐하며 돌아가서 자기의 소유를 다 팔아 그 밭을 사느니라

13:54 고향으로 돌아가사 그들의 회당에서 가르치시니 그들이 놀라 이르되 이 사람의 이 지혜와 이런 능력이 어디서 났느냐

오늘의 찬양
찬송가 382장 | 너 근심 걱정 말아라

맥체인성경365
70p

말씀 연결 합력하여 하나님 나라를 이룩함 (느 3, 행 13)

느헤미야 3장 | 성벽 재건 사업의 시작

3:3 어문은 하스나아의 자손들이 건축하여 그 들보를 얹고 문짝을 달고 자물쇠
와 빗장을 갖추었고

3:6 옛 문은 바세아의 아들 요야다와 브소드야의 아들 므술람이 중수하여 그 들
보를 얹고 문짝을 달고 자물쇠와 빗장을 갖추었고

3:11 하림의 아들 말기야와 바핫모압의 아들 핫숩이 한 부분과 화덕 망대를 중
수하였고

3:14 분문은 벧학게렘 지방을 다스리는 레갑의 아들 말기야가 중수하여 문을 세
우며 문짝을 달고 자물쇠와 빗장을 갖추었고

3:15 샘문은 미스바 지방을 다스리는 골호세의 아들 살룬이 중수하여 문을 세우
고 덮었으며 문짝을 달고 자물쇠와 빗장을 갖추고 또 왕의 동산 근처 셀라 못 가
의 성벽을 중수하여 다윗 성에서 내려오는 층계까지 이르렀고

3:27 그 다음은 드고아 사람들이 한 부분을 중수하여 내민 큰 망대와 마주 대한
곳에서부터 오벨 성벽까지 이르렀느니라

사도행전 13장 | 하나님의 나라를 이루어 가는 사람들

13:1 안디옥 교회에 선지자들과 교사들이 있으니 곧 바나바와 니게르라 하는 시므
온과 구레네 사람 루기오와 분봉 왕 헤롯의 젖동생 마나엔과 및 사울이라

13:7 그가 총독 서기오 바울과 함께 있으니 서기오 바울은 지혜 있는 사람이라 바
나바와 사울을 불러 하나님의 말씀을 듣고자 하더라

13:26 형제들아 아브라함의 후손과 너희 중 하나님을 경외하는 사람들아 이 구원
의 말씀을 우리에게 보내셨거늘

13:31 갈릴리로부터 예루살렘에 함께 올라간 사람들에게 여러 날 보이셨으니 그
들이 이제 백성 앞에서 그의 증인이라

13:36 다윗은 당시에 하나님의 뜻을 따라 섬기다가 잠들어 그 조상들과 함께 묻혀
썩음을 당하였으되

더 깊은 묵상

오늘의 말씀들은 하나님 나라를 침노하는 하나님의 사람들의 아름다운 모습들을 보여 줍니다. 아브람은 위기에 빠진 조카 롯을 위해 기꺼이 가솔들을 이끌고 쫓아가 목숨을 걸고 조카를 구해옵니다. 이웃을 위해 목숨까지 걸었던 아브람에게 하나님은 제사장 멜기세덱을 보내 축복하셨습니다.

느헤미야 3장에서는 대제사장 엘리아십을 비롯한 이스라엘 민족들이 각자 성벽의 일부분씩을 맡아 연합하여 하나님 나라의 선을 이루는 아름다운 협력을 보여 줍니다.

사도행전에서는 안디옥교회가 여러 선지자들과 교사들 중에서 바나바와 사울을 구별하여 복음전도자로 세워 안수하고 파송하는 모습을 보여 줍니다. 그리고 이 바나바와 사울의 선교를 통하여 "이방인들이 듣고 기뻐하여 하나님의 말씀을 찬송하며 영생을 주시기로 작정된 자들은 다 믿는" 놀라운 역사가 일어납니다. 이런 것들이 하나님 나라의 특징입니다.

여기에 대해 예수님께서는 씨 뿌리는 자의 비유, 겨자씨와 누룩의 비유, 가라지 비유, 밭에 감추인 진주의 비유 등을 통해서 설명하십니다. 그것은 믿지 않는 사람들은 "보아도 보지 못하고 들어도 듣지 못하는"(마 13:13) 비밀입니다. 그 비밀을 알고 "자기 소유를 다 팔아 그 진주를 산" 우리는 얼마나 복된 사람들인지요.

말씀묵상

하나님의 나라에 대한 소망이 있습니까? 이 세상이나 세상의 것들을 사랑하지 말고, 오직 하나님의 나라를 이루어 가야 합니다. 우릴 통해 하나님은 이 땅과 역사 가운데 이루시길 원하십니다.

말씀적용 오늘의 감사

말씀적용

오늘의 감사

믿음으로 감사

소망으로 감사

사랑으로 감사

말씀암송

마 13:44 ☐☐은 마치 밭에 감추인 ☐☐와 같으니 사람이 이를 발견한 후 숨겨 두고 기뻐하며 돌아가서 자기의 소유를 다 팔아 그 밭을 사느니라

말씀기도

❶ 하나님 나라 백성으로서 하나님 나라를 위해 기도하며 살아가게 하소서.
❷ 천국을 바라보며 적극적이고, 긍정적이고 능동적인 주님의 거룩한 백성이 되게 하소서.
❸ 이웃의 어려움을 보면 외면하지 않고 최선을 다해 돕게 하소서.

말씀배경 지식

겨자씨가 눈에 보이지 않을 만큼 작지만 다 자라면 키가 3m나 될 정도로 성장력이 대단한 일년생 식물이다. 이스라엘에는 여러 종류의 겨자씨가 있지만 검은 겨자가 대표적이다. 열매는 조미료로 사용된다. 겨자씨는 천국 비유에서 천국의 놀라운 확장과 성장 속도를 상징하고 있다.

14 일차/365

믿음

1월 14일

창세기 15장 | 마태복음 14장 | 느헤미야 4장 | 사도행전 14장

말씀 연결 믿음과 의(義) (창 15, 마 14)

창세기 15장 | 아브람이 여호와를 믿어 의로 여김

15:2 아브람이 이르되 주 여호와여 무엇을 내게 주시려 하나이까 나는 자식이 없사오니 나의 상속자는 이 다메섹 사람 엘리에셀이니이다

15:5 그를 이끌고 밖으로 나가 이르시되 하늘을 우러러 뭇별을 셀 수 있나 보라 또 그에게 이르시되 네 자손이 이와 같으리라

15:13 여호와께서 아브람에게 이르시되 너는 반드시 알라 네 자손이 이방에서 객이 되어 그들을 섬기겠고 그들은 사백 년 동안 네 자손을 괴롭히리니

15:17 해가 져서 어두울 때에 연기 나는 화로가 보이며 타는 횃불이 쪼갠 고기 사이로 지나더라

마태복음 14장 | 세례 요한의 죽음과 오병이어의 기적

14:1 그 때에 분봉 왕 헤롯이 예수의 소문을 듣고

14:3 전에 헤롯이 그 동생 빌립의 아내 헤로디아의 일로 요한을 잡아 결박하여 옥에 가두었으니

14:6 마침 헤롯의 생일이 되어 헤로디아의 딸이 연석 가운데서 춤을 추어 헤롯을 기쁘게 하니

14:8 그가 제 어머니의 시킴을 듣고 이르되 세례 요한의 머리를 소반에 얹어 여기서 내게 주소서 하니

14:25 밤 사경에 예수께서 바다 위로 걸어서 제자들에게 오시니

14:27 예수께서 즉시 이르시되 안심하라 나니 두려워하지 말라

14:34 그들이 건너가 게네사렛 땅에 이르니

오늘의 찬양
찬송가 300장 | 내 맘이 낙심되며

맥체인성경365
70p

말씀 연결 믿음으로 이룬 증거들 (느 4, 행 14)

느헤미야 4장 | 믿음으로 이룬 성벽 건축

4:1 산발랏이 우리가 성을 건축한다 함을 듣고 크게 분노하여 유다 사람들을 비웃으며

4:2 자기 형제들과 사마리아 군대 앞에서 일러 말하되 이 미약한 유다 사람들이 하는 일이 무엇인가, 스스로 견고하게 하려는가, 제사를 드리려는가, 하루에 일을 마치려는가 불탄 돌을 흙 무더기에서 다시 일으키려는가 하고

4:7 산발랏과 도비야와 아라비아 사람들과 암몬 사람들과 아스돗 사람들이 예루살렘 성이 중수되어 그 허물어진 틈이 메꾸어져 간다 함을 듣고 심히 분노하여

4:14 내가 돌아본 후에 일어나서 귀족들과 민장들과 남은 백성에게 말하기를 너희는 그들을 두려워하지 말고 지극히 크시고 두려우신 주를 기억하고 너희 형제와 자녀와 아내와 집을 위하여 싸우라 하였느니라

4:16 그 때로부터 내 수하 사람들의 절반은 일하고 절반은 갑옷을 입고 창과 방패와 활을 가졌고 민장은 유다 온 족속의 뒤에 있었으며

4:22 그 때에 내가 또 백성에게 말하기를 사람마다 그 종자와 함께 예루살렘 안에서 잘지니 밤에는 우리를 위하여 파수하겠고 낮에는 일하리라 하고

사도행전 14장 | 제1차 선교 여행

14:1 이에 이고니온에서 두 사도가 함께 유대인의 회당에 들어가 말하니 유대와 헬라의 허다한 무리가 믿더라

14:4 그 시내의 무리가 나뉘어 유대인을 따르는 자도 있고 두 사도를 따르는 자도 있는지라

14:12 바나바는 제우스라 하고 바울은 그 중에 말하는 자이므로 헤르메스라 하더라

14:13 시외 제우스 신당의 제사장이 소와 화환들을 가지고 대문 앞에 와서 무리와 함께 제사하고자 하니

14:15 이르되 여러분이여 어찌하여 이러한 일을 하느냐 우리도 여러분과 같은 성정을 가진 사람이라 여러분에게 복음을 전하는 것은 이런 헛된 일을 버리고 천지와 바다와 그 가운데 만물을 지으시고 살아 계신 하나님께로 돌아오게 함이라

더 깊은 묵상

"믿음은 바라는 것들의 실상이요 보이지 않는 것들의 증거니"라고 히브리서 11장 1절 말씀은 말해주고 있습니다.

하나님이 아브람의 믿음을 의로 여기신 것은 바랄 수 없는 것을 바랐고 보이지 않는 것을 믿었기 때문입니다. 아브람과 사라는 나이 100세가 가까워 임신을 할 수 없었기에 자식을 낳은 것은 바랄 수 없는 것이었습니다. 그러나 믿었습니다. 아브람의 자손이 뭇별과 같이 많아진 것은 출애굽 사건 이후, 그러니까 하나님의 약속 이후 수백 년이나 지난 후에 이루어질 아브람으로서는 보이지 않는 것들이었습니다. 그런데 아브람은 믿었습니다. 하나님이 약속하셨기 때문입니다. 이것이 믿음으로 말미암은 의입니다.

배고픈 군중들을 앞에 놓고 예수님이 먹을 것을 가져오라고 했을 때, 제자들은 소년의 손에 있던 보리떡 다섯 개와 물고기 두 마리를 예수님께 가져왔습니다. 예수님이 어떻게 하실지는 미리 알 수 없었으나 예수님에 대한 믿음으로 가지고 온 오병이어가 모든 사람이 배불리 먹고 열두 광주리나 남는 기적으로 바뀌었습니다. 믿음은 나의 능력이 아니라 주의 능력을 믿는 믿음입니다.

눈앞에서 벌어지는 표적과 기사를 보고 믿는 믿음도 믿음이지만, 그러한 믿음은 초보적인 믿음입니다. 성숙한 믿음은 돌로 맞는 고난을 겪으면서도, 수없는 환난을 겪으면서도 하나님에 대한 믿음을 버리지 않는 믿음입니다. 이러한 믿음으로 사도 바울은 수많은 고난과 환난을 견뎌내었고, 마침내는 자신이 죽으리라는 것을 알면서도 로마로 가서 이방인에게 복음을 전하는 순교자가 되었던 것입니다. 오늘 나의 믿음은 어디까지인지 겸손히 돌아보는 하루가 되어야겠습니다.

말씀묵상

믿음으로 의롭다 함을 받은 신자의 삶에는 믿음의 증거들이 남아야 합니다. 이루는 모든 것은 믿음의 결과여야 합니다. 믿음으로 하나님을 바라고 기도해야 합니다.

말씀적용 오늘의 감사

말씀적용

오늘의 감사

믿음으로 감사

소망으로 감사

사랑으로 감사

말씀암송

창 15:5 그를 이끌고 밖으로 나가 이르시되 하늘을 우러러 [ ][ ]을 셀 수 있나 보라 또 그에게 이르시되 네 [ ][ ]이 이와 같으리라

말씀기도

1. 오직 믿음으로 주님만 의지하고 주님만을 위해 살아가는 믿음의 삶이 되게 하소서.
2. 배고픈 이웃들을 위해 내 손에 있는 빵과 물고기부터 먼저 주님께 드릴 수 있는 믿음을 주소서.
3. 하나님 나라의 공의와 평화를 위해 고난과 환난도 각오할 수 있는 굳센 믿음을 주소서.

말씀배경 지식

두려움의 폭풍을 뚫고 주님께로 나가야 한다.

첫째, 두려움을 떨치자. 한밤중에 바다 가운데서 폭풍을 만나는 것은 두려운 일이다. 하지만 두려운 감정에 치우쳐 있을 때 도움이 된 것은 아무것도 없다. 어떤 상황에 처해 있든, 두려워하는 마음은 전혀 도움이 되지 않는다.

둘째, 믿음을 갖자. 폭풍 중에서 베드로는 적극적인 생각을 했다. 예수님을 믿을 수 있도록 해 달라는 절차를 밟았다. 그래서 그는 믿음으로 물 위를 걸었다.

셋째, 의심을 떨치자. 폭풍은 베드로의 믿음을 흔들었다. 폭풍을 보자 베드로는 예수님이 과연 자신을 도와주실 수 있을지 의심하기 시작했다.

믿음의 길을 걸을 때 주위를 돌아보면, 의심이 즉각 돌아온다. 계속 예수님을 바라보고 믿음의 길을 가야 한다.

15 일차/365

믿음(2)

1월 15일

창세기 16장 | 마태복음 15장 | 느헤미야 5장 | 사도행전 15장

말씀 연결 믿음의 증거들 (창 16, 마 15)

창세기 16장 | 믿음으로 약속 뒤에 오는 부정의 환경을 인내

16:1 아브람의 아내 사래는 출산하지 못하였고 그에게 한 여종이 있으니 애굽
사람이요 이름은 하갈이라

16:3 아브람의 아내 사래가 그 여종 애굽 사람 하갈을 데려다가 그 남편 아브람
에게 첩으로 준 때는 아브람이 가나안 땅에 거주한 지 십 년 후였더라

16:7 여호와의 사자가 광야의 샘물 곁 곧 술 길 샘 곁에서 그를 만나

16:12 그가 사람 중에 들나귀 같이 되리니 그의 손이 모든 사람을 치겠고 모든
사람의 손이 그를 칠지며 그가 모든 형제와 대항해서 살리라 하니라

마태복음 15장 | 장로들의 전통과 칠병이어

15:2 당신의 제자들이 어찌하여 장로들의 전통을 범하나이까 떡 먹을 때에 손을
씻지 아니하나이다

15:6 그 부모를 공경할 것이 없다 하여 너희의 전통으로 하나님의 말씀을 폐하
는도다

15:22 가나안 여자 하나가 그 지경에서 나와서 소리 질러 이르되 주 다윗의 자손
이여 나를 불쌍히 여기소서 내 딸이 흉악하게 귀신 들렸나이다 하되

15:26 대답하여 이르시되 자녀의 떡을 취하여 개들에게 던짐이 마땅하지 아니
하니라

15:29 예수께서 거기서 떠나사 갈릴리 호숫가에 이르러 산에 올라가 거기 앉으
시니

15:36 떡 일곱 개와 그 생선을 가지사 축사하시고 떼어 제자들에게 주시니 제자
들이 무리에게 주매

15:38 먹은 자는 여자와 어린이 외에 사천 명이었더라

15:39 예수께서 무리를 흩어 보내시고 배에 오르사 마가단 지경으로 가시니라

오늘의 찬양
찬송가 538장 | 죄짐을 지고서 곤하거든

맥체인성경365
83p

말씀 연결 믿음의 권력과 장애물 (느 5, 행 15)

느헤미아 5장 | 사회적 불의를 제거

5:3 어떤 사람은 말하기를 우리가 밭과 포도원과 집이라도 저당 잡히고 이 흉년
에 곡식을 얻자 하고

5:4 어떤 사람은 말하기를 우리는 밭과 포도원으로 돈을 빚내서 왕에게 세금을
바쳤도다

5:5 우리 육체도 우리 형제의 육체와 같고 우리 자녀도 그들의 자녀와 같거늘 이
제 우리 자녀를 종으로 파는도다 우리 딸 중에 벌써 종된 자가 있고 우리의 밭과
포도원이 이미 남의 것이 되었으나 우리에게는 아무런 힘이 없도다 하더라

5:8 그들에게 이르기를 우리는 이방인의 손에 팔린 우리 형제 유다 사람들을 우
리의 힘을 다하여 도로 찾았거늘 너희는 너희 형제를 팔고자 하느냐 더구나 우리
의 손에 팔리게 하겠느냐 하매 그들이 잠잠하여 말이 없기로

5:11 그런즉 너희는 그들에게 오늘이라도 그들의 밭과 포도원과 감람원과 집이
며 너희가 꾸어 준 돈이나 양식이나 새 포도주나 기름의 백분의 일을 돌려보내라
하였더니

5:14 또한 유다 땅 총독으로 세움을 받은 때 곧 아닥사스다 왕 제이십년부터 제삼
십이년까지 십이 년 동안은 나와 내 형제들이 총독의 녹을 먹지 아니하였느니라

사도행전 15장 | 예루살렘 공회

15:1 어떤 사람들이 유대로부터 내려와서 형제들을 가르치되 너희가 모세의 법대
로 할례를 받지 아니하면 능히 구원을 받지 못하리라 하니

15:10 그런데 지금 너희가 어찌하여 하나님을 시험하여 우리 조상과 우리도 능히
메지 못하던 멍에를 제자들의 목에 두려느냐

15:12 온 무리가 가만히 있어 바나바와 바울이 하나님께서 자기들로 말미암아 이
방인 중에서 행하신 표적과 기사에 관하여 말하는 것을 듣더니

15:14 하나님이 처음으로 이방인 중에서 자기 이름을 위할 백성을 취하시려고 그
들을 돌보신 것을 시므온이 말하였으니

15:18 즉 예로부터 이것을 알게 하시는 주의 말씀이라 함과 같으니라

15:40 바울은 실라를 택한 후에 형제들에게 주의 은혜에 부탁함을 받고 떠나

더 깊은 묵상

오늘의 말씀들은 믿음에 대하여 우리에게 생각할 많은 것들을 보여 줍니다. 하나님이 약속하셨지만 그 약속이 더디 성취될 때, 우리는 흔히 인간적인 방법으로 타협을 시도합니다. 아브람도 사래가 아닌 하갈을 통해 자손을 낳으려는 시도를 했고, 그 결과는 사래와 하갈의 갈등으로 나타났고, 결국은 임신한 하갈을 내쫓아야 하는 결과로 나타났습니다. 우리에게도 하나님의 말씀을 인내함으로 순종하지 않고 이런 인간적인 시도를 한 적은 없는지 돌아보아야 합니다. 그럼에도 불구하고 감사한 것은, 하나님은 인간적인 방법으로 임신한 하갈과 뱃속의 이스마엘에게도 은혜를 베풀어 주셨다는 것입니다. 하갈은 여호와의 사자가 나타났던 우물의 이름을 "브엘라해로이" 즉 "나를 살피시는 살아계신 이의 우물"이라는 이름을 붙임으로 하나님께 감사드립니다(창 16:14).

마태복음에도 믿음이 아닌 인간적인 생각을 잣대로 판단하고 정죄하는 바리새인들과 서기관들의 모습이 나옵니다. 율법을 위한 율법으로 사람을 정죄하는 것도 문제일 텐데, 바리새인들은 율법도 아닌 자신들의 전통을 지키지 않았다고 예수님의 제자들을 정죄하고 판단했습니다. 하나님의 율법은 나 자신을 돌아보기 위한 것이지 남을 정죄하기 위한 것이 아닙니다. 남을 판단하는 그 판단으로 언젠가는 나도 판단 받으리란 것을 명심해야 합니다.

오늘날 우리에게 필요한 것은 인간적인 생각으로 남을 판단하는 일이 아니라, 남의 고통(성 쌓는 부역의 중함)을 불쌍히 여기며 그들을 위해 자신의 것(총독의 녹)을 포기하는 느헤미야의 태도입니다.

말씀묵상

약속 뒤에도 부정의 환경은 찾아올 수 있습니다. 그렇다 하더라도 믿음으로 장애들을 극복해야 합니다. 가지고 있는 기득권을 내려놓을 때 하나님은 역사하십니다.

말씀적용 오늘의 감사

말씀적용

오늘의 감사

믿음으로 감사

소망으로 감사

사랑으로 감사

말씀암송

마 15:36 떡 일곱 개와 그 생선을 가지사 [ ][ ] 하시고 떼어 제자들에게 주시니 제자들이 무리에게 주매

마 15:38 먹은 자는 여자와 어린이 외에 [ ][ ] 명이었더라

말씀기도

❶ 믿음으로 약속 뒤에 오는 부정한 환경을 인내로 넘게 하소서.
❷ 믿음으로 자신에게 주어진 기득권을 내려놓고 믿음으로 장애를 극복하게 하소서.
❸ 신앙의 성장과 성숙을 이루게 하옵소서.

말씀배경 지식

'실라'라는 의미는 '탄원하다'라는 뜻으로서 로마 시민권을 소유한 자요, 선지자로서 예루살렘 교회의 지도자 중의 한 사람이다. 바나바 대신 바울의 2차 선교 여행에 동행한 '실루아노'(로마식 명칭)와 동일인 듯 하다.

16 일차 / 365

1월 16일

하나님 나라 씨의 승리

창세기 17장 | 마태복음 16장 | 느헤미야 6장 | 사도행전 16장

말씀 연결 씨의 약속과 권세 (창 17, 마 16)

창세기 17장 | 아브라함으로의 개명과 할례

17:1 아브람이 구십구 세 때에 여호와께서 아브람에게 나타나서 그에게 이르시되 나는 전능한 하나님이라 너는 내 앞에서 행하여 완전하라

17:2 내가 내 언약을 나와 너 사이에 두어 너를 크게 번성하게 하리라 하시니

17:8 내가 너와 네 후손에게 네가 거류하는 이 땅 곧 가나안 온 땅을 주어 영원한 기업이 되게 하고 나는 그들의 하나님이 되리라

17:10 너희 중 남자는 다 할례를 받으라 이것이 나와 너희와 너희 후손 사이에 지킬 내 언약이니라

17:15 하나님이 또 아브라함에게 이르시되 네 아내 사래는 이름을 사래라 하지 말고 사라라 하라

17:16 내가 그에게 복을 주어 그가 네게 아들을 낳아 주게 하며 내가 그에게 복을 주어 그를 여러 민족의 어머니가 되게 하리니 민족의 여러 왕이 그에게서 나리라

마태복음 16장 | 베드로의 신앙고백

16:1 바리새인과 사두개인들이 와서 예수를 시험하여 하늘로부터 오는 표적 보이기를 청하니

16:6 예수께서 이르시되 삼가 바리새인과 사두개인들의 누룩을 주의하라 하시니

16:13 예수께서 빌립보 가이사랴 지방에 이르러 제자들에게 물어 이르시되 사람들이 인자를 누구라 하느냐

16:16 시몬 베드로가 대답하여 이르되 주는 그리스도시요 살아 계신 하나님의 아들이시니이다

16:17 예수께서 대답하여 이르시되 바요나 시몬아 네가 복이 있도다 이를 네게 알게 한 이는 혈육이 아니요 하늘에 계신 내 아버지시니라

16:18 또 내가 네게 이르노니 너는 베드로라 내가 이 반석 위에 내 교회를 세우리니 음부의 권세가 이기지 못하리라

16:19 내가 천국 열쇠를 네게 주리니 네가 땅에서 무엇이든지 매면 하늘에서도 매일 것이요 네가 땅에서 무엇이든지 풀면 하늘에서도 풀리리라 하시고

오늘의 찬양
찬송가 407장 | 구주와 함께 나 죽었으니

맥체인성경365
89p

말씀 연결 씨의 승리와 구원 (느 6, 행 16)

느헤미야 6장 | 대적으로부터 위협받는 느헤미야

6:2 산발랏과 게셈이 내게 사람을 보내어 이르기를 오라 우리가 오노 평지 한 촌
에서 서로 만나자 하니 실상은 나를 해하고자 함이었더라

6:5 산발랏이 다섯 번째는 그 종자의 손에 봉하지 않은 편지를 들려 내게 보냈는
데

6:11 내가 이르기를 나 같은 자가 어찌 도망하며 나 같은 몸이면 누가 외소에 들
어가서 생명을 보존하겠느냐 나는 들어가지 않겠노라 하고

6:13 그들이 뇌물을 준 까닭은 나를 두렵게 하고 이렇게 함으로 범죄하게 하고
악한 말을 지어 나를 비방하려 함이었느니라

6:15 성벽 역사가 오십이 일 만인 엘룰월 이십오일에 끝나매

사도행전 16장 | 바울의 제2차 선교 여행

16:8 무시아를 지나 드로아로 내려갔는데

16:12 거기서 빌립보에 이르니 이는 마게도냐 지방의 첫 성이요 또 로마의 식민지
라 이 성에서 수일을 유하다가

16:13 안식일에 우리가 기도할 곳이 있을까 하여 문 밖 강가에 나가 거기 앉아서
모인 여자들에게 말하는데

16:14 두아디라 시에 있는 자색 옷감 장사로서 하나님을 섬기는 루디아라 하는 한
여자가 말을 듣고 있을 때 주께서 그 마음을 열어 바울의 말을 따르게 하신지라

16:16 우리가 기도하는 곳에 가다가 점치는 귀신 들린 여종 하나를 만나니 점으로
그 주인들에게 큰 이익을 주는 자라

16:19 여종의 주인들은 자기 수익의 소망이 끊어진 것을 보고 바울과 실라를 붙잡
아 장터로 관리들에게 끌어 갔다가

16:24 그가 이러한 명령을 받아 그들을 깊은 옥에 가두고 그 발을 차꼬에 든든히
채웠더니

더 깊은 묵상

하나님은 아브라함과 하나님 사이에 언약을 맺으십니다. 하나님이 아브라함과의 사이에 세우신 언약은 이삭과의 언약, 야곱과의 언약, 이스라엘 백성과의 언약, 그리고 나아가서는 우리들과의 언약이기도 합니다. 아브라함과 세우셨던 그 언약을 하나님은 예수님을 통해 성취하셨고, 그 언약으로 인해 지금 우리는 하나님의 백성이요 하나님 나라의 씨입니다.

예수님은 제자들에게 "너희는 나를 누구라 하느냐"고 물으셨습니다. 그리고 "주는 그리스도시요 살아계신 하나님의 아들이시니이다"라는 베드로의 고백 위에 교회를 세우시고, 천국의 열쇠를 주셨습니다. 그리고 우리에게 "누구든지 나를 따라오려거든 자기를 부인하고 자기 십자가를 지고 나를 따를 것이니라"고 말씀하십니다. 예수님을 살아계신 하나님의 아들로 믿는다는 것은 자기를 부인하고 자기 십자가를 지고 예수님을 따르는 일입니다. 예수를 믿는다고 말하면서도 여전히 '자기'가 살아있고, 자기 십자가를 질 생각은 없이 십자가의 영광만을 구한다면 그것은 올바른 신앙의 자세가 아닐 것입니다.

오늘 나는 예수님을 누구라 고백하나요? 마음으로 믿어 입술로 예수님을 주님이라고 고백하고 있나요? 그런데 나의 시간은 예수님을 누구라 고백하나요? 대부분의 시간을 나를 위해 쓰고 예수님을 위해서는 얼마만큼을 시간을 드리고 있나요? 나의 지갑은 예수님을 누구라 하나요? 먹고 마시고, 나를 위해서는 좋은 것들을 마음껏 사면서, 하나님을 위해 이웃을 위해 드리는 물질은 아까워하고 있지는 않나요? 감리교의 창시자 존 웨슬리는 "지갑이 회개하지 않으면 참다운 회개가 아니다"라고 이야기했습니다.

말씀묵상

하나님은 하나님 나라의 씨인 성도에게 권세를 주셨습니다. 주신 권세를 통해 승리의 삶이 보장되었습니다. 승리를 통해 궁극적 구원을 이루시는 하나님을 찬양합니다.

말씀적용 오늘의 감사

말씀적용

오늘의 감사

믿음으로 감사

소망으로 감사

사랑으로 감사

말씀암송

마 16:16 시몬 베드로가 대답하여 이르되 주는 □□□□시요 살아 계신 하나님의 □□이시니이다

말씀기도

❶ 입술로만 회개하는 고백이 아니라 진실한 회개가 되도록 도와주소서.
❷ 제 삶의 모습을 보고 사랑하는 가족들이 예수님께 돌아올 수 있도록 제 삶을 변화시켜 주소서.
❸ 하나님을 사랑하기 위해 제가 포기하고 헌신해야 할 것이 무엇인지 깨닫게 하소서.

말씀배경 지식

아브람에게 아브라함이라는 새로운 이름을 주시고 그와 할례의 언약을 세우신 하나님이 어느 날 두 천사를 대동하고 아브라함의 집을 방문하셨다. 낯설고 황막한 곳에서 목축을 하는 고대의 유목 사회에서 나그네를 대접하는 것은 의무임과 동시에 큰 미덕이었다. 아브라함은 이 아름다운 미덕을 실천하다가 부지중에 하나님과 천사를 대접하게 된다. 아브라함에게 융숭한 대접을 받은 하나님은 아브라함에게 두 가지 사실을 알려준다. 하나는 사라가 후손을 낳을 것이라는 이전의 약속을 확약한 것이다. 이 소식에 아브라함은 하나님을 붙들고 끈질긴 중보 기도를 드린다. 이것이 성경에 나타난 최초의 중보기도이다.

17 일차 365

1월 17일

하나님 나라에 합한 자

창세기 18장 | 마태복음 17장 | 느헤미야 7장 | 사도행전 17장

말씀 연결 하나님 나라의 씨, 왕의 권세 (창 18, 마 17)

창세기 18장 | 하나님의 방문과 아브라함의 간구

18:2 눈을 들어 본즉 사람 셋이 맞은편에 서 있는지라 그가 그들을 보자 곧 장막 문에서 달려나가 영접하며 몸을 땅에 굽혀

18:6 아브라함이 급히 장막으로 가서 사라에게 이르되 속히 고운 가루 세 스아를 가져다가 반죽하여 떡을 만들라 하고

18:19 내가 그로 그 자식과 권속에게 명하여 여호와의 도를 지켜 의와 공도를 행하게 하려고 그를 택하였나니 이는 나 여호와가 아브라함에게 대하여 말한 일을 이루려 함이니라

18:25 주께서 이같이 하사 의인을 악인과 함께 죽이심은 부당하오며 의인과 악인을 같이 하심도 부당하니이다 세상을 심판하시는 이가 정의를 행하실 것이 아니니이까

18:32 아브라함이 또 이르되 주는 노하지 마옵소서 내가 이번만 더 아뢰리이다 거기서 십 명을 찾으시면 어찌 하려 하시나이까 이르시되 내가 십 명으로 말미암아 멸하지 아니하리라

마태복음 17장 | 변화산 사건과 수난 예고

17:1 엿새 후에 예수께서 베드로와 야고보와 그 형제 요한을 데리시고 따로 높은 산에 올라가셨더니

17:2 그들 앞에서 변형되사 그 얼굴이 해 같이 빛나며 옷이 빛과 같이 희어졌더라

17:4 베드로가 예수께 여쭈어 이르되 주여 우리가 여기 있는 것이 좋사오니 만일 주께서 원하시면 내가 여기서 초막 셋을 짓되 하나는 주님을 위하여, 하나는 모세를 위하여, 하나는 엘리야를 위하여 하리이다

17:20 이르시되 너희 믿음이 작은 까닭이니라 진실로 너희에게 이르노니 만일 너희에게 믿음이 겨자씨 한 알 만큼만 있어도 이 산을 명하여 여기서 저기로 옮겨지라 하면 옮겨질 것이요 또 너희가 못할 것이 없으리라

17:24 가버나움에 이르니 반 세겔 받는 자들이 베드로에게 나아와 이르되 너의 선생은 반 세겔을 내지 아니하느냐

오늘의 찬양
찬송가 569장 | 선한 목자 되신 우리 주

맥체인성경365
95p

말씀 연결 하나님 나라 씨와 두 마음 (느 7, 행 17)

느헤미야 7장 | 제1차 포로 귀환자 명단

7:3 내가 그들에게 이르기를 해가 높이 뜨기 전에는 예루살렘 성문을 열지 말고
아직 파수할 때에 곧 문을 닫고 빗장을 지르며 또 예루살렘 주민이 각각 자기가
지키는 곳에서 파수하되 자기 집 맞은편을 지키게 하라 하였노니

7:5 내 하나님이 내 마음을 감동하사 귀족들과 민장들과 백성을 모아 그 계보대
로 등록하게 하시므로 내가 처음으로 돌아온 자의 계보를 얻었는데 거기에 기록
된 것을 보면

7:29 기랴여아림과 그비라와 브에롯 사람이 칠백사십삼 명이요

7:43 레위 사람들은 호드야 자손 곧 예수아와 갓미엘 자손이 칠십사 명이요

7:46 느디님 사람들은 시하 자손과 하수바 자손과 답바옷 자손과

7:57 솔로몬의 신하의 자손은 소대 자손과 소베렛 자손과 브리다 자손과

7:65 총독이 그들에게 명령하여 우림과 둠밈을 가진 제사장이 일어나기 전에는
지성물을 먹지 말라 하였느니라

사도행전 17장 | 바울의 제2차 선교 여행

17:3 뜻을 풀어 그리스도가 해를 받고 죽은 자 가운데서 다시 살아나야 할 것을 증
언하고 이르되 내가 너희에게 전하는 이 예수가 곧 그리스도라 하니

17:11 베뢰아에 있는 사람들은 데살로니가에 있는 사람들보다 더 너그러워서 간
절한 마음으로 말씀을 받고 이것이 그러한가 하여 날마다 성경을 상고하므로

17:15 바울을 인도하는 사람들이 그를 데리고 아덴까지 이르러 그에게서 실라와
디모데를 자기에게로 속히 오게 하라는 명령을 받고 떠나니라

17:19 그를 붙들어 아레오바고로 가며 말하기를 네가 말하는 이 새로운 가르침이
무엇인지 우리가 알 수 있겠느냐

17:22 바울이 아레오바고 가운데 서서 말하되 아덴 사람들아 너희를 보니 범사에
종교심이 많도다

17:26 인류의 모든 족속을 한 혈통으로 만드사 온 땅에 살게 하시고 그들의 연대를
정하시며 거주의 경계를 한정하셨으니

더 깊은 묵상

하나님은 인간적인 방법으로 자손을 낳으려고 했던 여종 하갈을 통해서가 아니라 애초에 하나님께서 약속하셨던 사라를 통해 약속의 아들인 이삭을 주십니다. 그리고 그 이유는 "내가 그로 그 자식과 권속에게 명하여 여호와의 도를 지켜 의와 공도를 행하게 하려고 그를 택하였나니"라고(창 18:19) 하십니다.

그리고 여호와 하나님께서는 변화산상에서 거룩하게 변화하신 예수님을 향해 "이는 내 사랑하는 아들이요 내 기뻐하는 자니 너희는 그의 말을 들으라"라고(마 17:5) 하십니다.

하나님께서 아브라함에게 약속의 아들 이삭을 주신 것도, 우리에게 당신의 아들 예수님을 주신 것도 모두 같은 이유에서입니다. 그것은 우리로 하여금 하나님 나라의 백성이 되어 여호와의 도를 지키고 의와 공도를 지키도록 하시기 위해서입니다. 우리가 여호와의 도를 지킬 때 하나님께서는 아브라함에게 약속하신 모든 것을 우리에게 주시겠다고 하십니다. 그리고 우리가 예수님의 말씀을 따를 때, 우리에게 겨자씨만한 믿음만 있어도 산을 들어 옮기는 기적적인 역사가 나타날 것이라고 약속하십니다.

그리고 그 약속들은 바벨론의 포로생활에서 돌아온 수많은 사람들의 계보를 통해서, 그리고 바울이 데살로니가와 베뢰아에서 전도했을 때 바울이 전한 예수 그리스도의 복음을 듣고 예수님께로 돌아온 수많은 사람들을 통해 지켜졌습니다.

말씀묵상

하나님 나라에 합한 자는 그 나라의 왕이신 하나님의 말씀에 따르는 자입니다. 그 말씀을 날마다 상고하는 열정과 따르고자 하는 순종은 우리를 그 나라 성읍에 거주하게 합니다.

말씀적용 오늘의 감사

말씀적용

오늘의 감사

믿음으로 감사

소망으로 감사

사랑으로 감사

말씀암송

행 17:3 □을 풀어 그리스도가 해를 받고 죽은 자 가운데서 다시 살아나야 할 것을 □□하고 이르되 내가 너희에게 전하는 이 □□가 곧 그리스도라 하니

말씀기도

❶ 만유의 주이신 하나님만 바라보게 하소서.
❷ 주님을 위해 날마다 말씀을 상고하게 하소서.
❸ 하나님을 경외하는 삶을 살게 하소서.

말씀배경 지식

바울과 실라는 옷이 벗겨진 채 매 맞고 차꼬에 채워져 투옥된다. 이런 비참한 상황에서도 그들은 주의 이름을 드높였다. 우리가 처한 환경이 어떻든 우리는 하나님을 찬양해야 한다. 그럴 때 하나님은 우리를 위하실 것이다.

18 일차 365

1월 18일

하나님 나라의 백성(씨)

창세기 19장 | 마태복음 18장 | 느헤미야 8장 | 사도행전 18장

말씀 연결 씨와 하나님의 뜻 (창 19, 마 18)

창세기 19장 | 소돔과 고모라의 멸망

19:1 저녁 때에 그 두 천사가 소돔에 이르니 마침 롯이 소돔 성문에 앉아 있다가
그들을 보고 일어나 영접하고 땅에 엎드려 절하며

19:2 이르되 내 주여 돌이켜 종의 집으로 들어와 발을 씻고 주무시고 일찍이 일
어나 갈 길을 가소서 그들이 이르되 아니라 우리가 거리에서 밤을 새우리라

19:8 내게 남자를 가까이 하지 아니한 두 딸이 있노라 청하건대 내가 그들을 너
희에게로 이끌어 내리니 너희 눈에 좋을 대로 그들에게 행하고 이 사람들은 내
집에 들어왔은즉 이 사람들에게는 아무 일도 저지르지 말라

19:11 문 밖의 무리를 대소를 막론하고 그 눈을 어둡게 하니 그들이 문을 찾느라
고 헤매었더라

19:13 그들에 대한 부르짖음이 여호와 앞에 크므로 여호와께서 이 곳을 멸하시
려고 우리를 보내셨나니 우리가 멸하리라

19:16 그러나 롯이 지체하매 그 사람들이 롯의 손과 그 아내의 손과 두 딸의 손
을 잡아 인도하여 성 밖에 두니 여호와께서 그에게 자비를 더하심이었더라

19:26 롯의 아내는 뒤를 돌아보았으므로 소금 기둥이 되었더라

마태복음 18장 | 천국에서 큰 자와 잃은 양 비유

18:6 누구든지 나를 믿는 이 작은 자 중 하나를 실족하게 하면 차라리 연자 맷돌
이 그 목에 달려서 깊은 바다에 빠뜨려지는 것이 나으니라

18:10 삼가 이 작은 자 중의 하나도 업신여기지 말라 너희에게 말하노니 그들의
천사들이 하늘에서 하늘에 계신 내 아버지의 얼굴을 항상 뵈옵느니라

18:15 네 형제가 죄를 범하거든 가서 너와 그 사람과만 상대하여 권고하라 만일
들으면 네가 네 형제를 얻은 것이요

18:16 만일 듣지 않거든 한두 사람을 데리고 가서 두세 증인의 입으로 말마다 확
증하게 하라

18:24 결산할 때에 만 달란트 빚진 자 하나를 데려오매

말씀 연결 백성들의 반응과 구원받을 자 (느 8, 행 18)

느헤미아 8장 | 율법을 낭독한 학사 에스라

8:2 일곱째 달 초하루에 제사장 에스라가 율법책을 가지고 회중 앞 곧 남자나 여
자나 알아들을 만한 모든 사람 앞에 이르러

8:3 수문 앞 광장에서 새벽부터 정오까지 남자나 여자나 알아들을 만한 모든 사
람 앞에서 읽으매 뭇 백성이 그 율법책에 귀를 기울였는데

8:6 에스라가 위대하신 하나님 여호와를 송축하매 모든 백성이 손을 들고 아멘
아멘 하고 응답하고 몸을 굽혀 얼굴을 땅에 대고 여호와께 경배하니라

8:10 느헤미야가 또 그들에게 이르기를 너희는 가서 살진 것을 먹고 단 것을 마
시되 준비하지 못한 자에게는 나누어 주라 이 날은 우리 주의 성일이니 근심하지
말라 여호와로 인하여 기뻐하는 것이 너희의 힘이니라 하고

8:15 또 일렀으되 모든 성읍과 예루살렘에 공포하여 이르기를 너희는 산에 가서
감람나무 가지와 들감람나무 가지와 화석류나무 가지와 종려나무 가지와 기타
무성한 나무 가지를 가져다가 기록한 바를 따라 초막을 지으라 하라 한지라

사도행전 18장 | 제2차 선교 여행 마감과 안디옥 귀환

18:9 밤에 주께서 환상 가운데 바울에게 말씀하시되 두려워하지 말며 침묵하지 말
고 말하라

18:12 갈리오가 아가야 총독 되었을 때에 유대인이 일제히 일어나 바울을 대석하
여 법정으로 데리고 가서

18:17 모든 사람이 회당장 소스데네를 잡아 법정 앞에서 때리되 갈리오가 이 일을
상관하지 아니하니라

18:18 바울은 더 여러 날 머물다가 형제들과 작별하고 배 타고 수리아로 떠나갈새
브리스길라와 아굴라도 함께 하더라 바울이 일찍이 서원이 있었으므로 겐그레아
에서 머리를 깎았더라

18:24 알렉산드리아에서 난 아볼로라 하는 유대인이 에베소에 이르니 이 사람은
언변이 좋고 성경에 능통한 자라

18:25 그가 일찍이 주의 도를 배워 열심으로 예수에 관한 것을 자세히 말하며 가르
치나 요한의 세례만 알 따름이라

더 깊은 묵상

하나님의 구원 계획은 은혜 그 자체입니다. 하나님은 소돔과 고모라를 멸망시키는 와중에도 아브라함을 기억하시고 그의 조카 롯을 구원해내십니다. 하나님께서 소돔과 고모라를 멸망시키신 것은 그들의 음란함보다 "나그네를 대접하라"라는 하나님의 말씀을 거역하고 오히려 약자인 나그네를 학대하고 박해하려고 한 까닭이 더 큽니다.

하나님의 시선은 언제나 약자들, 작은 자들에게 가 있습니다. 예수님께서도 "이 작은 자 중의 하나라도 잃는 것은 하늘에 계신 너희 아버지의 뜻이 아니니라"라고(마 18:14) 말씀하셨습니다. 그 작은 자를 구원하기 위하여 "일곱 번을 일흔 번까지"라도 참으시는 것이 하나님의 은혜입니다.

바벨론으로 포로로 끌려가 남은 자가 없을 것 같았던 예루살렘 성에도 에스라가 하나님의 율법책을 들고 읽었을 때 아멘 아멘 하며 눈물로 응답하는 백성들이 있었고(느 8:6,9), 고린도와 안디옥과 에베소에도 바울과 아볼로의 복음을 듣고 영접하는 하나님의 백성들을 하나님은 남겨 두셨습니다. 잘 보이지 않는 것 같아도 어디에나 하나님이 남겨놓으신 하나님의 사람들이 있습니다. 그것이 하나님의 은혜입니다.

말씀묵상

작은 자 하나도 포기하지 않으시고 구원하시는 것이 하나님의 자비입니다. 하나님의 자비는 성을 엎으시는 가운데 롯을 내보내심에서, 성 중에 구원받을 자를 남겨두심에서 나타납니다. 우리는 하나님의 자비를 기대해야 합니다.

말씀적용 오늘의 감사

말씀적용

오늘의 감사

믿음으로 감사

소망으로 감사

사랑으로 감사

말씀암송

느 8:6 에스라가 위대하신 하나님 여호와를 송축하매 모든 백성이 손을 들고 ☐☐ ☐☐ 하고 응답하고 몸을 굽혀 얼굴을 땅에 대고 여호와께 경배하니라

말씀기도

❶ 하나님의 구원 계획은 은혜임을 깨닫게 하소서.
❷ 일곱 번을 일흔 번까지 용서하시는 주님의 사랑을 깨닫게 하소서.
❸ 용서를 통해 사랑을 실천하는 삶이 되게 하소서.

말씀배경 지식

초막절은 이스라엘의 기념 절기이다. '초막'이라는 말은 텐트 또는 바깥 오두막이라는 의미이다. 바벨론에서 귀국한 이스라엘 사람들은 초막절을 기념하기 위하여 예루살렘에 모였다. 성경은 그날을 기념해야 할 날이라고 강조하고 있다.

19 일차 / 365

1월 19일

기도의 실제

창세기 20장 | 마태복음 19장 | 느헤미야 9장 | 사도행전 19장

말씀 연결 기도 (창 20, 마 19)

창세기 20장 | 아브라함과 아비멜렉

20:2 그의 아내 사라를 자기 누이라 하였으므로 그랄 왕 아비멜렉이 사람을 보내어 사라를 데려갔더니

20:3 그 밤에 하나님이 아비멜렉에게 현몽하시고 그에게 이르시되 네가 데려간 이 여인으로 말미암아 네가 죽으리니 그는 남편이 있는 여자임이라

20:7 이제 그 사람의 아내를 돌려보내라 그는 선지자라 그가 너를 위하여 기도하리니 네가 살려니와 네가 돌려보내지 아니하면 너와 네게 속한 자가 다 반드시 죽을 줄 알지니라

20:9 아비멜렉이 아브라함을 불러서 그에게 이르되 네가 어찌하여 우리에게 이렇게 하느냐 내가 무슨 죄를 네게 범하였기에 네가 나와 내 나라가 큰 죄에 빠질 뻔하게 하였느냐 네가 합당하지 아니한 일을 내게 행하였도다 하고

20:11 아브라함이 이르되 이 곳에서는 하나님을 두려워함이 없으니 내 아내로 말미암아 사람들이 나를 죽일까 생각하였음이요

20:12 또 그는 정말로 나의 이복 누이로서 내 아내가 되었음이니라

20:16 사라에게 이르되 내가 은 천 개를 네 오라비에게 주어서 그것으로 너와 함께 한 여러 사람 앞에서 네 수치를 가리게 하였노니 네 일이 다 해결되었느니라

마태복음 19장 | 손을 얹고 기도

19:3 바리새인들이 예수께 나아와 그를 시험하여 이르되 사람이 어떤 이유가 있으면 그 아내를 버리는 것이 옳으니이까

19:6 그런즉 이제 둘이 아니요 한 몸이니 그러므로 하나님이 짝지어 주신 것을 사람이 나누지 못할지니라 하시니

19:12 어머니의 태로부터 된 고자도 있고 사람이 만든 고자도 있고 천국을 위하여 스스로 된 고자도 있도다 이 말을 받을 만한 자는 받을지어다

19:21 예수께서 이르시되 네가 온전하고자 할진대 가서 네 소유를 팔아 가난한 자들에게 주라 그리하면 하늘에서 보화가 네게 있으리라 그리고 와서 나를 따르라 하시니

오늘의 찬양

찬송가 604장 | 완전한 사랑

맥체인성경365
108p

말씀 연결 기도 (느 9, 행 19)

느헤미야 9장 | 유다 백성의 회개 운동

9:1 그 달 스무나흗 날에 이스라엘 자손이 다 모여 금식하며 굵은 베 옷을 입고
티끌을 무릅쓰며

9:8 그의 마음이 주 앞에서 충성됨을 보시고 그와 더불어 언약을 세우사 가나안
족속과 헷 족속과 아모리 족속과 브리스 족속과 여부스 족속과 기르가스 족속의
땅을 그의 씨에게 주리라 하시더니 그 말씀대로 이루셨사오매 주는 의로우심이
로소이다

9:14 거룩한 안식일을 그들에게 알리시며 주의 종 모세를 통하여 계명과 율례와
율법을 그들에게 명령하시고

9:32 우리 하나님이여 광대하시고 능하시고 두려우시며 언약과 인자하심을 지
키시는 하나님이여 우리와 우리 왕들과 방백들과 제사장들과 선지자들과 조상
들과 주의 모든 백성이 앗수르 왕들의 때로부터 오늘까지 당한 모든 환난을 이제
작게 여기지 마옵소서

사도행전 19장 | 기도와 말씀

19:8 바울이 회당에 들어가 석 달 동안 담대히 하나님 나라에 관하여 강론하며 권
면하되

19:9 어떤 사람들은 마음이 굳어 순종하지 않고 무리 앞에서 이 도를 비방하거늘
바울이 그들을 떠나 제자들을 따로 세우고 두란노 서원에서 날마다 강론하니라

19:24 즉 데메드리오라 하는 어떤 은장색이 은으로 아데미의 신상 모형을 만들어
직공들에게 적지 않은 벌이를 하게 하더니

19:25 그가 그 직공들과 그러한 영업하는 자들을 모아 이르되 여러분도 알거니와
우리의 풍족한 생활이 이 생업에 있는데

19:27 우리의 이 영업이 천하여질 위험이 있을 뿐 아니라 큰 여신 아데미의 신전도
무시 당하게 되고 온 아시아와 천하가 위하는 그의 위엄도 떨어질까 하노라 하더라

19:35 서기장이 무리를 진정시키고 이르되 에베소 사람들아 에베소 시가 큰 아데
미와 제우스에게서 내려온 우상의 신전지기가 된 줄을 누가 알지 못하겠느냐

19:39 만일 그 외에 무엇을 원하면 정식으로 민회에서 결정할지라

더 깊은 묵상

기도의 힘, 기도의 능력을 믿으시나요? 기도에는 힘이 있습니다. 기도는 힘이 셉니다. 아브라함이 아비멜렉을 위해 기도하였을 때 닫혔던 태가 열려 아비멜렉의 아내와 여종이 임신을 하고 출산을 하는 기적이 나타납니다. 이렇듯 하나님은 기도하는 사람을 통하여 역사하십니다.

기도가 필요하신가요? 주변에 기도 제목을 나누고 기도의 사람들에게 기도를 부탁해보세요. 기도의 능력을 믿으시나요? 주변에 기도가 필요한 사람들을 위해 중보기도 해보십시오. 하나님의 기도 응답을 확인하실 수 있을 것입니다.

느헤미야 9장을 보면 이스라엘 자손들이 다 모여 금식하며 기도하는 모습을 볼 수 있습니다. 이때의 금식 기도는 회개 기도입니다. 이전에 하나님 앞에 지었던 죄들을 자복하고 회개하며 하나님의 용서를 구하는 기도입니다. 금식 기도는 하나님의 말씀대로 살겠다는 결단의 기도입니다. 동시에 금식 기도는 하나님의 은혜와 긍휼을 구하는 중보 기도이기도 합니다. 금식 기도는 우리에게 생명의 기본이 되는 음식을 끊으며 하나님 앞에 목숨을 걸고 하는 간절한 기도입니다.

마지막으로 금식 기도를 해본 것은 언제인가요? 하나님 앞에 간절함으로 구하시는 것이 있다면 금식하며 하나님께 매달려보는 것은 어떨까요? 물론, 그 금식 기도는 금식 기도의 겉모습만 행하는 것이 아니라 하나님 앞에 죄를 자복하고 하나님의 은혜와 긍휼을 구하는 진정한 기도여야 하겠습니다.

말씀묵상

사람으로는 할 수 없으나 하나님은 하실 수 있습니다. 그러나 우리 편에서 할 수 있는 것은 기도입니다. 어떤 상황에서든 기도를 통해 하나님의 능력이 삶의 열매로 나타나야 합니다.

말씀적용 오늘의 감사

말씀적용

오늘의 감사

믿음으로 감사

소망으로 감사

사랑으로 감사

말씀암송

마 19:6 그런즉 이제 [ ]이 아니요 [ ][ ]이니 그러므로 하나님이 짝지어 주신 것을 사람이 나누지 못할지니라 하시니

말씀기도

❶ 일상 속에서 늘 기도하는 기도의 사람으로 변화시켜 주소서.
❷ 주님의 온전한 사명을 깨달아 알게 하소서.
❸ 하나님과 날마다 동행하는 삶을 경험하게 하소서.

말씀배경 지식

앗수르는 하나님께서 패역한 이스라엘을 심판하시기 위해 사용하신 도구였다. 이사야 선지자가 진노의 막대기라고 했던 앗수르 왕들을 살펴보면 다음과 같다(느 9:32). 첫째, 북부 팔레스타인과 시리아 지방을 점령하고 조공을 받아간 디글랏빌레셀(대상 5:26), 둘째, 북이스라엘의 수도 사마리아를 포위하고 백성을 포로로 끌어간 살만에셀(왕하 18:9), 셋째, 북이스라엘을 완전히 멸망시킨 사르곤(사 20:1), 넷째, 예루살렘을 제외한 유다 46개 성읍을 점령하고 그 백성을 사로 잡아간 산헤립(18:13), 다섯째, 사마리아에서 바벨론, 구다, 아와, 하맛, 스발와임 등지의 거민들을 이주시켜 혼혈 백성을 만들게 한 에살핫돈(스 4:2), 여섯째, 스룹바벨 이전에 여러 나라 사람을 사마리아에 이주시켜 예루살렘 재건을 방해하게 만든 오스납발(스 4:10) 등이다.

20 일차 365
1월 20일

하나님 나라 씨와 하나님의 뜻

창세기 21장 | 마태복음 20장 | 느헤미야 10장 | 사도행전 20장

말씀 연결 씨의 확정과 주권 (창 21, 마 20)

창세기 21장 | 언약 후손 이삭의 출생

21:1 여호와께서 말씀하신 대로 사라를 돌보셨고 여호와께서 말씀하신 대로 사라에게 행하셨으므로

21:7 또 이르되 사라가 자식들을 젖먹이겠다고 누가 아브라함에게 말하였으리요마는 아브라함의 노경에 내가 아들을 낳았도다 하니라

21:9 사라가 본즉 아브라함의 아들 애굽 여인 하갈의 아들이 이삭을 놀리는지라

21:11 아브라함이 그의 아들로 말미암아 그 일이 매우 근심이 되었더니

21:22 그 때에 아비멜렉과 그 군대 장관 비골이 아브라함에게 말하여 이르되 네가 무슨 일을 하든지 하나님이 너와 함께 계시도다

21:27 아브라함이 양과 소를 가져다가 아비멜렉에게 주고 두 사람이 서로 언약을 세우니라

21:33 아브라함은 브엘세바에 에셀 나무를 심고 거기서 영원하신 하나님 여호와의 이름을 불렀으며

마태복음 20장 | 하나님의 주권

20:2 그가 하루 한 데나리온씩 품꾼들과 약속하여 포도원에 들여보내고

20:8 저물매 포도원 주인이 청지기에게 이르되 품꾼들을 불러 나중 온 자로부터 시작하여 먼저 온 자까지 삯을 주라 하니

20:15 내 것을 가지고 내 뜻대로 할 것이 아니냐 내가 선하므로 네가 악하게 보느냐

20:20 그 때에 세베대의 아들의 어머니가 그 아들들을 데리고 예수께 와서 절하며 무엇을 구하니

20:21 예수께서 이르시되 무엇을 원하느냐 이르되 나의 이 두 아들을 주의 나라에서 하나는 주의 우편에, 하나는 주의 좌편에 앉게 명하소서

20:30 맹인 두 사람이 길 가에 앉았다가 예수께서 지나가신다 함을 듣고 소리 질러 이르되 주여 우리를 불쌍히 여기소서 다윗의 자손이여 하니

오늘의 찬양
찬송가 291장 | 외롭게 사는 이 그 누군가

맥체인성경365
115p

말씀 연결 하나님의 규례와 주권 (느 10, 행 20)

느헤미야 10장 | 언약을 청종하기로 맹세

10:1 그 인봉한 자는 하가랴의 아들 총독 느헤미야와 시드기야,

10:6 다니엘, 긴느돈, 바룩,

10:9 또 레위 사람 곧 아사냐의 아들 예수아, 헤나닷의 자손 중 빈누이, 갓미엘과

10:32 우리가 또 스스로 규례를 정하기를 해마다 각기 세겔의 삼분의 일을 수납
하여 하나님의 전을 위하여 쓰게 하되

10:35 해마다 우리 토지 소산의 맏물과 각종 과목의 첫 열매를 여호와의 전에 드
리기로 하였고

10:37 또 처음 익은 밀의 가루와 거제물과 각종 과목의 열매와 새 포도주와 기름
을 제사장들에게로 가져다가 우리 하나님의 전의 여러 방에 두고 또 우리 산물의
십일조를 레위 사람들에게 주리라 하였나니 이 레위 사람들은 우리의 모든 성읍
에서 산물의 십일조를 받는 자임이며

사도행전 20장 | 바울의 3차 선교 여행

20:3 거기 석 달 동안 있다가 배 타고 수리아로 가고자 할 그 때에 유대인들이 자기
를 해하려고 공모하므로 마게도냐를 거쳐 돌아가기로 작정하니

20:5 그들은 먼저 가서 드로아에서 우리를 기다리더라

20:7 그 주간의 첫날에 우리가 떡을 떼려 하여 모였더니 바울이 이튿날 떠나고자
하여 그들에게 강론할새 말을 밤중까지 계속하매

20:13 우리는 앞서 배를 타고 앗소에서 바울을 태우려고 그리로 가니 이는 바울이
걸어서 가고자 하여 그렇게 정하여 준 것이라

20:15 거기서 떠나 이튿날 기오 앞에 오고 그 이튿날 사모에 들르고 또 그 다음 날
밀레도에 이르니라

20:17 바울이 밀레도에서 사람을 에베소로 보내어 교회 장로들을 청하니

20:19 곧 모든 겸손과 눈물이며 유대인의 간계로 말미암아 당한 시험을 참고 주를
섬긴 것과

더 깊은 묵상

우리는 자주 하나님 나라 또는 천국에 대하여 이야기합니다. 하나님 나라는 무엇을 말하는 것일까요? 흔히들 믿는 사람들이 죽으면 소천한다라고 이야기하는데, 우리가 죽은 후에 올라가게 되는 하늘나라가 하나님 나라일까요? 성경에서 말씀하는 하나님 나라는 어떤 특정 장소가 아니라, 하나님의 통치가 임하는 나라를 말합니다. 하나님의 주권이 임하시고, 하나님의 공의와 평화가 물 흐르듯 흐르는 나라가 바로 하나님 나라입니다.

하나님께서 아브라함과 사라와 이삭을 돌보시겠다고 약속하시고, 아브라함은 하나님의 명령대로 할례를 행합니다. 이로써 비로소 "네가 무슨 일을 하든지 하나님이 함께 하시는"(창 21:22) 하나님 나라가 이루어집니다.

예수님은 포도원의 품꾼 비유를 통해 천국(하나님 나라)은 전적으로 하나님의 주권에 의해 선물로 주어지는, 하나님의 은혜의 나라라는 것을 말씀해 줍니다. 그런데 이런 하나님 나라를 오해해서 지상에 실제로 존재하게 되는 왕국인 줄 알고 세베대의 아들의 어머니는 그 아들들을 위해 "주의 나라에서 하나는 주의 우편에, 하나는 주의 좌편에 앉게 명하소서"(마 20:21) 부탁을 합니다. 그러나 예수님은 하나님 나라는 지상의 왕국과 같지 않아서 "누구든지 크고자 하는 자는 너희를 섬기는 자가 되고 너희 중에 누구든지 으뜸이 되고자 하는 자는 너희의 종이 되어야 하리라"(마 20:26-27)고 말씀하십니다. 하나님 나라는 높은 자리에 앉으려는 사람들의 나라가 아니라 섬기는 자의 나라, 낮아지고 남을 위해 기꺼이 종이 되고자 하는 자의 나라라는 뜻입니다.

지금 우리의 모습은 어떤가요? 우리는 높아지려 합니까, 아니면 예수님 말씀처럼 섬기는 자, 낮아지는 자가 되려고 하나요?

말씀묵상

나중 된 자로서 먼저 되고, 먼저 된 자로서 나중 될 수 있습니다. 나중 되었다고 낙심하지 않고, 먼저 되었다고 교만하지 않음으로 하나님의 뜻을 기도로 이루어 나가야 합니다.

말씀적용 오늘의 감사

말씀적용

오늘의 감사

믿음으로 감사

소망으로 감사

사랑으로 감사

말씀암송

창 21:33 아브라함은 브엘세바에 에셀 나무를 심고 거기서 영원하신 □□□ □□□의 이름을 불렀으며

말씀기도

❶ 하나님의 택한 백성으로서 하나님의 뜻에 순종하게 하소서.
❷ 모든 일에 하나님의 주권을 인정하며 하나님이 기뻐하시는 삶을 살 수 있도록 인도하소서.
❸ 하나님의 뜻을 전하기에 부족함이 없는 삶이 되게 하소서.

말씀배경 지식

3차 전도 여행은 대략 3년에 걸쳐 지중해 연안의 소아시아 지역을 중심으로 진행되는데 그 중 바울이 2년 가까이 머물면서 가장 심혈을 기울인 곳이 에베소이다. 에베소는 로마와 동양을 연결하는 항구로서 교통, 문화, 무역의 중심지가 된 곳으로서 각종 종교와 미신의 집산지였다.

21 일차 365

1월 21일

비전과 믿음의 상관관계

창세기 22장 | 마태복음 21장 | 느헤미야 11장 | 사도행전 21장

말씀 연결 비전(씨)과 기도 (창 22, 마 21)

창세기 22장 | 이삭을 바친 아브라함

22:2 여호와께서 이르시되 네 아들 네 사랑하는 독자 이삭을 데리고 모리아 땅으로 가서 내가 네게 일러 준 한 산 거기서 그를 번제로 드리라

22:9 하나님이 그에게 일러 주신 곳에 이른지라 이에 아브라함이 그 곳에 제단을 쌓고 나무를 벌여 놓고 그의 아들 이삭을 결박하여 제단 나무 위에 놓고

22:11 여호와의 사자가 하늘에서부터 그를 불러 이르시되 아브라함아 아브라함아 하시는지라 아브라함이 이르되 내가 여기 있나이다 하매

22:13 아브라함이 눈을 들어 살펴본즉 한 숫양이 뒤에 있는데 뿔이 수풀에 걸려 있는지라 아브라함이 가서 그 숫양을 가져다가 아들을 대신하여 번제로 드렸더라

22:14 아브라함이 그 땅 이름을 여호와 이레라 하였으므로 오늘날까지 사람들이 이르기를 여호와의 산에서 준비되리라 하더라

22:20 이 일 후에 어떤 사람이 아브라함에게 알리어 이르기를 밀가가 당신의 형제 나홀에게 자녀를 낳았다 하였더라

마태복음 21장 | 예수의 예루살렘 입성

21:2 이르시되 너희는 맞은편 마을로 가라 그리하면 곧 매인 나귀와 나귀 새끼가 함께 있는 것을 보리니 풀어 내게로 끌고 오라

21:9 앞에서 가고 뒤에서 따르는 무리가 소리 높여 이르되 호산나 다윗의 자손이여 찬송하리로다 주의 이름으로 오시는 이여 가장 높은 곳에서 호산나 하더라

21:13 그들에게 이르시되 기록된 바 내 집은 기도하는 집이라 일컬음을 받으리라 하였거늘 너희는 강도의 소굴을 만드는도다 하시니라

21:17 그들을 떠나 성 밖으로 베다니에 가서 거기서 유하시니라

21:32 요한이 의의 도로 너희에게 왔거늘 너희는 그를 믿지 아니하였으되 세리와 창녀는 믿었으며 너희는 이것을 보고도 끝내 뉘우쳐 믿지 아니하였도다

21:33 다른 한 비유를 들으라 한 집 주인이 포도원을 만들어 산울타리로 두르고 거기에 즙 짜는 틀을 만들고 망대를 짓고 농부들에게 세로 주고 타국에 갔더니

말씀 연결 비전의 성취 (느 11, 행 21)

느헤미야 11장 | 예루살렘에 거주하는 백성들

11:8 그 다음은 갑배와 살래 등이니 모두 구백이십팔 명이라

11:9 시그리의 아들 요엘이 그들의 감독이 되었고 핫스누아의 아들 유다는 버금
이 되어 성읍을 다스렸느니라

11:11 또 하나님의 전을 맡은 자 스라야이니 그는 힐기야의 아들이요 므술람의
손자요 사독의 증손이요 므라욧의 현손이요 아히둡의 오대 손이며

11:18 거룩한 성에 레위 사람은 모두 이백팔십사 명이었느니라

11:27 하살수알과 브엘세바와 그 주변 동네들에 거주하며

11:29 또 에느림몬과 소라와 야르뭇에 거주하며

11:30 또 사노아와 아둘람과 그 마을들과 라기스와 그 들판과 아세가와 그 주변
동네들에 살았으니 그들은 브엘세바에서부터 힌놈의 골짜기까지 장막을 쳤으며

11:35 로드와 오노와 장인들의 골짜기에 거주하였으며

사도행전 21장 | 예루살렘에서 체포된 바울

21:4 제자들을 찾아 거기서 이레를 머물더니 그 제자들이 성령의 감동으로 바울더
러 예루살렘에 들어가지 말라 하더라

21:8 이튿날 떠나 가이사랴에 이르러 일곱 집사 중 하나인 전도자 빌립의 집에 들
어가서 머무르니라

21:10 여러 날 머물러 있더니 아가보라 하는 한 선지자가 유대로부터 내려와

21:18 그 이튿날 바울이 우리와 함께 야고보에게로 들어가니 장로들도 다 있더라

21:24 그들을 데리고 함께 결례를 행하고 그들을 위하여 비용을 내어 머리를 깎게
하라 그러면 모든 사람이 그대에 대하여 들은 것이 사실이 아니고 그대도 율법을
지켜 행하는 줄로 알 것이라

21:27 그 이레가 거의 차매 아시아로부터 온 유대인들이 성전에서 바울을 보고 모
든 무리를 충동하여 그를 붙들고

21:33 이에 천부장이 가까이 가서 바울을 잡아 두 쇠사슬로 결박하라 명하고 그가
누구이며 그가 무슨 일을 하였느냐 물으니

더 깊은 묵상

하나님 나라를 위한 비전을 가지고 계시나요? 그 비전은 어떠한 비전인가요? 비전이 있는 사람은 소망이 있습니다. 비전이 있는 사람은 살아갈 힘이 있고 의욕이 있습니다. 그런데 만약 하나님께서 우리가 품은 그 비전을 포기하라고 하신다면 우리는 어떻게 해야 할까요? 만약 그 비전을 이루기 위해 우리가 고난과 핍박을 받아야 한다고 해도 우리는 그 비전을 포기하지 않을 수 있을까요? 믿음은 비전 성취를 위해 달려 나아가는 것도 포함되지만, 때론 그 비전을 포기하거나 그 비전을 위해 고난을 각오해야 할 수도 있음을 기억해야 합니다.

오늘 묵상한 창세기와 사도행전 말씀에서 우리는 비전을 포기하거나, 그 비전을 위해 고난을 각오하는 믿음의 선배들의 모습을 만날 수 있습니다. 아브라함은 하나님이 주신 약속의 씨앗인 외아들 이삭을 제물로 바치라는 하나님의 명령에 망설임 없이 하나님이 주신 약속의 자손인 이삭을 바치려고 하는 모습을 보여주었습니다. 우리는 흔히 외아들인 이삭을 기꺼이 하나님 앞에 드리려 했던 아브라함의 믿음을 이야기하지만 어쩌면 오늘 묵상한 창세기의 말씀은 먼 훗날 우리를 위해 외아들인 예수님을 십자가 위에서 기꺼이 바치셨던 하나님의 모습을 미리 보여주고 있는 것은 아닐까 생각하게 됩니다.

사도행전에서도 성령의 감동을 받아 바울 사도에게 예루살렘으로 들어가지 말라고 말리는 제자들의 모습과 주 예수의 이름을 위하여 예루살렘에서 죽을 것도 각오하는 바울의 모습을 보여주고 있습니다. 생명의 위험이 있으니 예루살렘으로 가지 말라고 말리는 제자들도 옳고, 주 예수를 위해 순교를 각오하는 바울도 옳습니다. 모두가 믿음의 모습입니다. 하나님은 때때로 우리에게 닥칠 위험을 알려주시기도 하시지만, 때로는 그 위험에도 불구하고 하나님의 비전을 실현하고자 하는 더 큰 소망과 헌신을 주시기도 하십니다.

비전을 주시는 것도, 그 비전을 포기하게 하시는 것도, 위험을 미리 알려주시는 것도, 그 위험을 각오하고 극복하게 하시는 것도 모두가 하나님의 일이요, 하나님의 신비입니다.

말씀묵상

믿음으로 비전을 가져야 합니다. 그러나 믿음으로 비전을 포기할 수도 있어야 합니다. 그리고 하나님이 일하시도록 믿음으로 무엇이든지 믿고 구하며 나아가야 합니다. 그럴 때 하나님은 일하십니다.

말씀적용 오늘의 감사

말씀적용

오늘의 감사

믿음으로 감사

소망으로 감사

사랑으로 감사

말씀암송

창 22:14 아브라함이 그 땅 이름을 [ ][ ][ ] [ ][ ]
라 하였으므로 오늘날까지 사람들이 이르기를 여호와의 산
에서 준비되리라 하더라

말씀기도

❶ 하나님 나라에 대한 비전을 갖게 하소서.
❷ 믿음의 성취를 위해, 그 믿음을 포기하지 않고 달려가는 삶이 되게 하소서.
❸ 의를 위해 고난받는 이들을 기억해 중보기도로 동참할 수 있도록 기도의 문을 열어주소서.

말씀배경 지식

당시 이스라엘 사회는 점령국인 로마의 화폐를 사용하고 있었다. 당시 성전세를 내기 위해 돈 바꾸는 사람들이 유대 화폐로 환전하는 습관이 있었다. 그러나 환전상들은 이런 종교적 관습을 악용하여 제사장들과 거래하고 환전 차액을 착복하였다.

22 일차 365

땅의 확정과 그 땅의 주인이신 하나님

1월 22일

창세기 23장 | 마태복음 22장 | 느헤미야 12장 | 사도행전 22장

말씀 연결 땅의 확정과 사람의 태도 (창 23, 마 22)

창세기 23장 | 막벨라 굴에 안치된 사라

23:2 사라가 가나안 땅 헤브론 곧 기럇아르바에서 죽으매 아브라함이 들어가서 사라를 위하여 슬퍼하며 애통하다가

23:3 그 시신 앞에서 일어나 나가서 헷 족속에게 말하여 이르되

23:6 내 주여 들으소서 당신은 우리 가운데 있는 하나님이 세우신 지도자이시니 우리 묘실 중에서 좋은 것을 택하여 당신의 죽은 자를 장사하소서 우리 중에서 자기 묘실에 당신의 죽은 자 장사함을 금할 자가 없으리이다

23:9 그가 그의 밭머리에 있는 그의 막벨라 굴을 내게 주도록 하되 충분한 대가를 받고 그 굴을 내게 주어 당신들 중에서 매장할 소유지가 되게 하기를 원하노라 하매

23:16 아브라함이 에브론의 말을 따라 에브론이 헷 족속이 듣는 데서 말한 대로 상인이 통용하는 은 사백 세겔을 달아 에브론에게 주었더니

마태복음 22장 | 하나님을 향한 사람의 태도

22:16 자기 제자들을 헤롯 당원들과 함께 예수께 보내어 말하되 선생님이여 우리가 아노니 당신은 참되시고 진리로 하나님의 도를 가르치시며 아무도 꺼리는 일이 없으시니 이는 사람을 외모로 보지 아니하심이니이다

22:23 부활이 없다 하는 사두개인들이 그 날 예수께 와서 물어 이르되

22:37 예수께서 이르시되 네 마음을 다하고 목숨을 다하고 뜻을 다하여 주 너의 하나님을 사랑하라 하셨으니

오늘의 찬양
찬송가 607장 | 내 본향 가는 길

맥체인성경365
128p

말씀 연결 성취와 사명 (느 12, 행 22)

느헤미야 12장 | 예루살렘 성벽 봉헌식

12:1 스알디엘의 아들 스룹바벨과 예수아와 함께 돌아온 제사장들과 레위 사람들은 이러하니라 제사장들은 스라야와 예레미야와 에스라와

12:9 또 그들의 형제 박부갸와 운노는 직무를 따라 그들의 맞은편에 있으며

12:23 레위 자손의 족장들은 엘리아십의 아들 요하난 때까지 역대지략에 기록되었으며

12:28 이에 노래하는 자들이 예루살렘 사방 들과 느도바 사람의 마을에서 모여들고

12:37 샘문으로 전진하여 성벽으로 올라가는 곳에 이르러 다윗 성의 층계로 올라가서 다윗의 궁 윗 길에서 동쪽으로 향하여 수문에 이르렀고

12:45 그들은 하나님을 섬기는 일과 결례의 일을 힘썼으며 노래하는 자들과 문지기들도 그러하여 모두 다윗과 그의 아들 솔로몬의 명령을 따라 행하였으니

사도행전 22장 | 유대인들 앞에서 변론하는 바울

22:3 나는 유대인으로 길리기아 다소에서 났고 이 성에서 자라 가말리엘의 문하에서 우리 조상들의 율법의 엄한 교훈을 받았고 오늘 너희 모든 사람처럼 하나님께 대하여 열심이 있는 자라

22:5 이에 대제사장과 모든 장로들이 내 증인이라 또 내가 그들에게서 다메섹 형제들에게 가는 공문을 받아 가지고 거기 있는 자들도 결박하여 예루살렘으로 끌어다가 형벌 받게 하려고 가더니

22:24 천부장이 바울을 영내로 데려가라 명하고 그들이 무슨 일로 그에 대하여 떠드는지 알고자 하여 채찍질하며 심문하라 한대

22:25 가죽 줄로 바울을 매니 바울이 곁에 서 있는 백부장더러 이르되 너희가 로마 시민 된 자를 죄도 정하지 아니하고 채찍질할 수 있느냐 하니

더 깊은 묵상

하나님 나라는 거저 주어지는 나라가 아닙니다. 하나님 나라를 위해서는 반드시 값을 치르는 일이 필요합니다. 아브라함을 통해 이 땅 위에 하나님 나라를 건설하려는 하나님의 원대한 계획을 시작하시면서, 하나님은 아브라함에게 하나님 나라를 위해 값을 치르는 모습을 보여주십니다. 값없이 주어지는 것은 가치가 없습니다. 값없이 주어지는 구원은 없습니다. 우리는 흔히 "우리를 위해 값없이 거저 주신 구원"이라고 이야기하곤 하지만 엄밀하게 말하자면 하나님이 우리에게 주신 구원은 이 세상에서 가장 비싼 값인 "하나님의 외아들 예수 그리스도를 대속 제물로 바치심"으로 주신 구원입니다. 우리 중에 누가 감히 자신의 외아들을 대신 죽여서 다른 사람을 구원할 사람이 있겠습니까? 따라서 하나님이 우리에게 주신 구원은 이 세상에서 가장 값비싼 구원임을 잊어서는 안 되겠습니다.

예수님은 "가이사의 것은 가이사에게 하나님의 것은 하나님께" 바치라고 말씀하십니다. 우리는 흔히 이 말씀이 바리새인들의 시험을 피하기 위한 예수님의 절묘한 지혜로운 대답 정도로 생각하지만, 이 말씀에는 더 깊은 의미가 있습니다. 우리는 "가이사의 것은 가이사에게" 바치느라 세상에 내는 세금은 대체로 정직하게 바치지만, 정작 하나님께 바쳐야 할 것에 대해서는 소홀히 하는 경향이 있습니다. 하나님이 원하시는 '하나님의 것'은 십일조나 예배가 아니라 우리들 자신입니다. "네 마음을 다하고 목숨을 다하고 뜻을 다하여 주 너의 하나님을 사랑하라"는 것입니다(마 22:37).

그런데 과연 지금 우리는 마음을 다하고 목숨을 다하고 뜻을 다하여 하나님을 사랑하고 있나요? 적당히 현실적으로 타협하고, 적당히 내 삶의 일부만 드리면서 온전히 하나님을 사랑하고 있는 것처럼 착각하고 있지는 않은가요?

말씀묵상

약속한 땅을 받고, 그 땅에 거하는 것은 하나님의 언약에 근거한 합법한 것입니다. 우리에게 주신 삶의 영역을 취하는 것, 하나님의 약속이 우릴 통해 성취되는 것입니다. 언약의 하나님을 사랑하되 마음을 다하고 뜻을 다하고 성품을 다하여야 합니다.

말씀적용 오늘의 감사

말씀적용

오늘의 감사

믿음으로 감사

소망으로 감사

사랑으로 감사

말씀암송

마 22:37 예수께서 이르시되 네 [ ][ ]을 다하고 [ ]
[ ]을 다하고 [ ]을 다하여 주 너의 하나님을 사랑하라
하셨으니

말씀기도

❶ 하나님께서 약속하시고, 언약 백성으로 삼으신 주의 사랑과 열망을 위해 기도하는 삶이 되게 하소서.
❷ 오늘 내가 구하고자 하는 것에도 기꺼이 정당한 값을 치를 수 있도록 제 마음을 지켜주소서.
❸ 내 이웃의 소외받은 약자들이 즐거워하는 나라가 될 수 있도록 하소서.

말씀배경 지식

당시 로마 시민권을 획득하는 방법에는 세 가지가 있었다. 첫째, 로마 시민권을 가진 가정에서 태어나는 것이며, 둘째, 상당한 금액을 주고 사는 것이고, 셋째, 전쟁 등에서 특별한 공로의 대가로 받는 것이다.

23 일차 365

씨의 정결과 보호를 위한 조치

1월 23일

창세기 24장 | 마태복음 23장 | 느헤미야 13장 | 사도행전 23장

말씀 연결 씨의 번성과 씨의 경계 (창 24, 마 23)

창세기 24장 | 리브가와 결혼한 이삭

24:2 아브라함이 자기 집 모든 소유를 맡은 늙은 종에게 이르되 청하건대 내 허벅지 밑에 네 손을 넣으라

24:10 이에 종이 그 주인의 낙타 중 열 필을 끌고 떠났는데 곧 그의 주인의 모든 좋은 것을 가지고 떠나 메소보다미아로 가서 나홀의 성에 이르러

24:11 그 낙타를 성 밖 우물 곁에 꿇렸으니 저녁 때라 여인들이 물을 길으러 나올 때였더라

24:21 그 사람이 그를 묵묵히 주목하며 여호와께서 과연 평탄한 길을 주신 여부를 알고자 하더니

24:25 또 이르되 우리에게 짚과 사료가 족하며 유숙할 곳도 있나이다

24:44 그의 대답이 당신은 마시라 내가 또 당신의 낙타를 위하여도 길으리라 하면 그 여자는 여호와께서 내 주인의 아들을 위하여 정하여 주신 자가 되리이다 하며

마태복음 23장 | 부패한 종교 지도자들의 위선에 대한 책망

23:4 또 무거운 짐을 묶어 사람의 어깨에 지우되 자기는 이것을 한 손가락으로도 움직이려 하지 아니하며

23:5 그들의 모든 행위를 사람에게 보이고자 하나니 곧 그 경문 띠를 넓게 하며 옷술을 길게 하고

23:15 화 있을진저 외식하는 서기관들과 바리새인들이여 너희는 교인 한 사람을 얻기 위하여 바다와 육지를 두루 다니다가 생기면 너희보다 배나 더 지옥 자식이 되게 하는도다

23:23 화 있을진저 외식하는 서기관들과 바리새인들이여 너희가 박하와 회향과 근채의 십일조는 드리되 율법의 더 중한 바 정의와 긍휼과 믿음은 버렸도다 그러나 이것도 행하고 저것도 버리지 말아야 할지니라

23:34 그러므로 내가 너희에게 선지자들과 지혜 있는 자들과 서기관들을 보내매 너희가 그 중에서 더러는 죽이거나 십자가에 못 박고 그 중에서 더러는 너희 회당에서 채찍질하고 이 동네에서 저 동네로 따라다니며 박해하리라

오늘의 찬양
찬송가 602장 | 성부님께 빕니다

맥체인성경365
135p

말씀 연결 씨의 보호와 정결 (느 13, 행 23)

느헤미아 13장 | 유다 백성의 정화 운동

13:5 도비야를 위하여 한 큰 방을 만들었으니 그 방은 원래 소제물과 유향과 그
릇과 또 레위 사람들과 노래하는 자들과 문지기들에게 십일조로 주는 곡물과 새
포도주와 기름과 또 제사장들에게 주는 거제물을 두는 곳이라

13:6 그 때에는 내가 예루살렘에 있지 아니하였느니라 바벨론 왕 아닥사스다 삼
십이년에 내가 왕에게 나아갔다가 며칠 후에 왕에게 말미를 청하고

13:16 또 두로 사람이 예루살렘에 살며 물고기와 각양 물건을 가져다가 안식일
에 예루살렘에서도 유다 자손에게 팔기로

13:25 내가 그들을 책망하고 저주하며 그들 중 몇 사람을 때리고 그들의 머리털
을 뽑고 이르되 너희는 너희 딸들을 그들의 아들들에게 주지 말고 너희 아들들이
나 너희를 위하여 그들의 딸을 데려오지 아니하겠다고 하나님을 가리켜 맹세하
라 하고

13:31 또 정한 기한에 나무와 처음 익은 것을 드리게 하였사오니 내 하나님이여
나를 기억하사 복을 주옵소서

사도행전 23장 | 공회 앞에 선 바울

23:2 대제사장 아나니아가 바울 곁에 서 있는 사람들에게 그 입을 치라 명하니

23:3 바울이 이르되 회칠한 담이여 하나님이 너를 치시리로다 네가 나를 율법대로
심판한다고 앉아서 율법을 어기고 나를 치라 하느냐 하니

23:6 바울이 그 중 일부는 사두개인이요 다른 일부는 바리새인인 줄 알고 공회에
서 외쳐 이르되 여러분 형제들아 나는 바리새인이요 또 바리새인의 아들이라 죽은
자의 소망 곧 부활로 말미암아 내가 심문을 받노라

23:23 백부장 둘을 불러 이르되 밤 제 삼 시에 가이사랴까지 갈 보병 이백 명과 기
병 칠십 명과 창병 이백 명을 준비하라 하고

23:24 또 바울을 태워 총독 벨릭스에게로 무사히 보내기 위하여 짐승을 준비하라
명하며

23:35 이르되 너를 고발하는 사람들이 오거든 네 말을 들으리라 하고 헤롯 궁에 그
를 지키라 명하니라

더 깊은 묵상

하나님의 백성은 거룩한 백성입니다. 거룩한 백성이란 하나님 앞에서 구별된 삶을 사는 백성을 말합니다. 우리가 매일매일 집을 청소하는 이유가 무엇인가요? 깨끗하게 살기 위해서입니다. 깨끗하다는 것은 구별한다는 뜻입니다. 집안에서 먼지와 티끌, 쓰레기들을 구별하여 분리함으로써 우리는 깨끗한 집에서 살 수 있습니다. 하나님의 백성들이 사는 삶도 마찬가지입니다.

아브라함은 이삭의 배필을 주변의 이방 민족들에게서 구하지 않고 굳이 먼 길을 떠나 본향 친척들 가운데서 아들의 배필을 찾게 했습니다.

이방인과 구별된 삶을 살지 않는 이스라엘 백성들에게 느헤미야는 엄중하게 경고하고 있습니다. "그 때에 내가 또 본즉 유다 사람이 아스돗과 암몬과 모압 여인을 맞아 아내로 삼았는데"(느 13:23), 너희가 이방 여인을 아내로 맞아 이 모든 큰 악을 행하여 우리 하나님께 범죄하는 것을 우리가 어찌 용납하겠느냐"(느 13:27). 이 당시에 이방인과 결혼한다는 것은 이방인들의 우상신과 이방인들의 풍습을 받아들인다는 뜻이었습니다. 이방의 우상들과 풍습으로부터 구별되어 거룩하게 살기 위해 이방인들을 배우자로 받아들이는 것을 반대했던 것입니다. 이것은 선민사상에 사로잡혀 이방인들과 유대인들을 차별대우하는 것과는 다른 문제입니다. 이방인 여인이었던 기생 라합과 룻의 족보에서 다윗과 예수님이 탄생한 것을 보면 잘 알 수 있습니다. 문제는 구별된 삶, 거룩한 삶입니다.

지금 우리는 어떤 삶을 살고 있나요? 믿는 사람이라고, 구원받은 사람이라고 우월의식과 차별의식에 사로잡혀 살고 있지는 않나요? 중요한 것은 믿지 않는 사람들과 구별된, 거룩한 삶을 사는 것입니다.

말씀묵상

성도의 정결한 삶을 파괴하기 위해 사단은 세상 속에서와 교회 공동체 안에서 많은 것들로 공격해 옵니다. 그러나 두려워하지 말아야 합니다. 우리에겐 하나님의 보호가 있습니다. 두려워 말고 담대히 믿음의 걸음을 걸어야 합니다.

말씀적용 오늘의 감사

말씀적용

오늘의 감사

믿음으로 감사

소망으로 감사

사랑으로 감사

말씀암송

느 13:31 또 정한 기한에 나무와 처음 익은 것을 드리게 하였사오니 내 하나님이여 나를 [ ][ ]하사 [ ]을 주옵소서

말씀기도

❶ 오직 주님의 인도하심을 따라 거룩한 백성으로 살게 하소서.
❷ 세상 풍습에 동화된 삶에서 떠나 거룩한 삶을 살게 하소서.
❸ 저의 근본 속사람이 주님을 닮아가게 하소서.

말씀배경 지식

회칠한 무덤이란, 시체나 무덤에 접촉한 자는 부정한 자로 규정되었다. 하지만 평토장한 유대인들의 무덤은 쉽게 식별되지 않아 자칫 부정을 입기 쉬웠다. 그래서 무덤에는 회를 칠해 부정을 입지 않도록 조치하였다. 곧 회칠한 무덤은 겉은 번듯하지만 속은 탐욕과 부패로 가득 찬 바리새인들의 위선을 상징한다.

24 일차 / 365

1월 24일

종말

창세기 25장 | 마태복음 24장 | 에스더 1장 | 사도행전 24장

말씀 연결 개인적, 거시적 종말 (창 25, 마 24)

창세기 25장 | 아브라함의 죽음 및 에서와 야곱

25:1 아브라함이 후처를 맞이하였으니 그의 이름은 그두라라

25:6 자기 서자들에게도 재산을 주어 자기 생전에 그들로 하여금 자기 아들 이
삭을 떠나 동방 곧 동쪽 땅으로 가게 하였더라

25:8 그의 나이가 높고 늙어서 기운이 다하여 죽어 자기 열조에게로 돌아가매

25:20 이삭은 사십 세에 리브가를 맞이하여 아내를 삼았으니 리브가는 밧단 아
람의 아람 족속 중 브두엘의 딸이요 아람 족속 중 라반의 누이였더라

25:26 후에 나온 아우는 손으로 에서의 발꿈치를 잡았으므로 그 이름을 야곱이
라 하였으며 리브가가 그들을 낳을 때에 이삭이 육십 세였더라

마태복음 24장 | 종말에 관한 예언

24:3 예수께서 감람 산 위에 앉으셨을 때에 제자들이 조용히 와서 이르되 우리에
게 이르소서 어느 때에 이런 일이 있겠사오며 또 주의 임하심과 세상 끝에는 무슨
징조가 있사오리이까

24:15 그러므로 너희가 선지자 다니엘이 말한 바 멸망의 가증한 것이 거룩한 곳
에 선 것을 보거든 (읽는 자는 깨달을진저)

24:20 너희가 도망하는 일이 겨울에나 안식일에 되지 않도록 기도하라

24:26 그러면 사람들이 너희에게 말하되 보라 그리스도가 광야에 있다 하여도 나
가지 말고 보라 골방에 있다 하여도 믿지 말라

24:30 그 때에 인자의 징조가 하늘에서 보이겠고 그 때에 땅의 모든 족속들이 통
곡하며 그들이 인자가 구름을 타고 능력과 큰 영광으로 오는 것을 보리라

24:31 그가 큰 나팔소리와 함께 천사들을 보내리니 그들이 그의 택하신 자들을
하늘 이 끝에서 저 끝까지 사방에서 모으리라

24:41 두 여자가 맷돌질을 하고 있으매 한 사람은 데려가고 한 사람은 버려둠을
당할 것이니라

오늘의 찬양

찬송가 359장 | 천성을 향해 가는 성도들아

맥체인성경365
144p

말씀 연결 종말의 기회와 소망 (에 1, 행 24)

에스더 1장 | 폐위되는 왕후 와스디

1:1 이 일은 아하수에로 왕 때에 있었던 일이니 아하수에로는 인도로부터 구스
까지 백이십칠 지방을 다스리는 왕이라

1:2 당시에 아하수에로 왕이 수산 궁에서 즉위

1:3 왕위에 있은 지 제삼년에 그의 모든 지방관과 신하들을 위하여 잔치를 베푸
니 바사와 메대의 장수와 각 지방의 귀족과 지방관들이 다 왕 앞에 있는지라

1:9 왕후 와스디도 아하수에로 왕궁에서 여인들을 위하여 잔치를 베푸니라

1:10 왕이 만일 좋게 여기실진대 와스디가 다시는 왕 앞에 오지 못하게 하는 조
서를 내리되 바사와 메대의 법률에 기록하여 변개함이 없게 하고 그 왕후의 자리
를 그보다 나은 사람에게 주소서

사도행전 24장 | 벨릭스 앞에 선 바울

24:5 우리가 보니 이 사람은 전염병 같은 자라 천하에 흩어진 유대인을 다 소요하
게 하는 자요 나사렛 이단의 우두머리라

24:8 당신이 친히 그를 심문하시면 우리가 고발하는 이 모든 일을 아실 수 있나이
다 하니

24:11 당신이 아실 수 있는 바와 같이 내가 예루살렘에 예배하러 올라간 지 열이틀
밖에 안 되었고

24:17 여러 해 만에 내가 내 민족을 구제할 것과 제물을 가지고 와서

24:24 수일 후에 벨릭스가 그 아내 유대 여자 드루실라와 함께 와서 바울을 불러
그리스도 예수 믿는 도를 듣거늘

더 깊은 묵상

누구에게나 종말은 있습니다. 이스라엘 민족을 위한 구원의 시작점이었던 아브라함도 나이가 들어 죽음으로써 하나님께 돌아갔습니다. 한 사람의 생애가 종말을 고하고, 곧이어 이삭의 아내 리브가가 임신을 함으로써 새로운 세대가 시작된다는 예고편이 등장합니다. 또한, 왕후 와스디가 폐위되며 종말을 고하고, 새로운 왕후 에스더가 등장하기 위한 예고편이 시작됩니다. 예수님은 "그러나 그 날과 그 때는 아무도 모르나니"(마 24:36) 우리에게 늘 깨어 있으라고 말씀하십니다. 사도바울은 장차 오는 심판과 의인과 악인의 부활을 이야기합니다. 종말이 어떤 사람에게는 심판의 날이요, 어떤 사람에게는 소망의 날입니다.

누구에게나 종말은 있습니다. 당장 우리 시대에 종말이 오지 않는다고 해서 종말이 영원히 오지 않는 것은 아닙니다. 한 사람 한 사람이 하나님이 빚으신 귀한 생명이요, 한 시대의 역사이며, 하나의 우주입니다. 한 사람이 죽으면 한 시대가 끝나는 것이요, 한 사람이 죽음으로 그 사람에게는 우주가 종말을 고하는 것과 같습니다.

우리는 누구나 하나님의 형상으로 빚어진 소중한 존재입니다. 그런 '나'를 귀하게 여기고, '나'와 같이 '남'을 귀하게 여기는 것이 종말을 대하는 올바른 태도입니다. 종말의 때에 얼굴과 얼굴을 마주보고 주님을 만나는 그때를 소망하며 오늘 하루를 소중하게 살아야 하겠습니다.

말씀묵상

믿음을 가진 성도에게 종말은 소망입니다. 종말을 두려워하지 말고 기쁨으로 기대하며 기다려야 합니다. 동시에 미혹되지 않도록 끝까지 주의하는 삶을 살아야 합니다.

말씀적용 오늘의 감사

말씀적용

오늘의 감사

믿음으로 감사

소망으로 감사

사랑으로 감사

말씀배경 지식

아하수에로의 이름의 뜻은 '위대한 사람'으로 헬라어로 '크세르크세스'라고도 칭하고 있다. 그는 다리오 1세의 뒤를 이어서 기원전 485-464년까지 바사 제국을 통치했다.

말씀암송

마 24:30 그 때에 [ ][ ]의 징조가 하늘에서 보이겠고 그 때에 땅의 모든 족속들이 통곡하며 그들이 인자가 구름을 타고 [ ][ ]과 큰 [ ][ ]으로 오는 것을 보리라

말씀기도

❶ 마지막 날에 주님 다시 만날 소망을 품고 사는 삶을 살게 하소서.
❷ 이 땅에서의 어떠한 환난과 고통도 견디며 승리하는 삶이 되게 하소서.
❸ 사람의 겉모습이나 신분이나 지위를 보기보다 그 사람 안에 깃든 하나님의 형상을 보게 하소서.

25 일차/365

1월 25일

충성됨

창세기 26장 | 마태복음 25장 | 에스더 2장 | 사도행전 25장

말씀 연결 충성 (창 26, 마 25)

창세기 26장 | 이삭의 피신과 번영

26:1 아브라함 때에 첫 흉년이 들었더니 그 땅에 또 흉년이 들매 이삭이 그랄로 가서 블레셋 왕 아비멜렉에게 이르렀더니

26:12 이삭이 그 땅에서 농사하여 그 해에 백 배나 얻었고 여호와께서 복을 주시므로

26:14 양과 소가 떼를 이루고 종이 심히 많으므로 블레셋 사람이 그를 시기하여

26:26 아비멜렉이 그 친구 아훗삿과 군대 장관 비골과 더불어 그랄에서부터 이삭에게로 온지라

26:34 에서가 사십 세에 헷 족속 브에리의 딸 유딧과 헷 족속 엘론의 딸 바스맛을 아내로 맞이하였더니

마태복음 25장 | 열 처녀, 달란트, 양과 염소의 비유

25:1 그 때에 천국은 마치 등을 들고 신랑을 맞으러 나간 열 처녀와 같다 하리니

25:3 미련한 자들은 등을 가지되 기름을 가지지 아니하고

25:5 신랑이 더디 오므로 다 졸며 잘새

25:14 또 어떤 사람이 타국에 갈 때 그 종들을 불러 자기 소유를 맡김과 같으니

25:15 각각 그 재능대로 한 사람에게는 금 다섯 달란트를, 한 사람에게는 두 달란트를, 한 사람에게는 한 달란트를 주고 떠났더니

25:27 그러면 네가 마땅히 내 돈을 취리하는 자들에게나 맡겼다가 내가 돌아와서 내 원금과 이자를 받게 하였을 것이니라 하고

25:32 모든 민족을 그 앞에 모으고 각각 구분하기를 목자가 양과 염소를 구분하는 것 같이 하여

말씀 연결 충성된 자 (에 2, 행 25)

에스더 2장 | 왕후로 간택된 에스더

2:5 도성 수산에 한 유다인이 있으니 이름은 모르드개라 그는 베냐민 자손이니
기스의 증손이요 시므이의 손자요 야일의 아들이라

2:7 그의 삼촌의 딸 하닷사 곧 에스더는 부모가 없었으나 용모가 곱고 아리따운
처녀라 그의 부모가 죽은 후에 모르드개가 자기 딸 같이 양육하더라

2:9 헤개가 이 처녀를 좋게 보고 은혜를 베풀어 몸을 정결하게 할 물품과 일용품
을 곧 주며 또 왕궁에서 으레 주는 일곱 궁녀를 주고 에스더와 그 궁녀들을 후궁
아름다운 처소로 옮기더라

2:14 저녁이면 갔다가 아침에는 둘째 후궁으로 돌아와서 비빈을 주관하는 내시
사아스가스의 수하에 속하고 왕이 그를 기뻐하여 그의 이름을 부르지 아니하면
다시 왕에게 나아가지 못하더라

2:29 처녀들을 다시 모을 때에는 모르드개가 대궐 문에 앉았더라

2:23 조사하여 실증을 얻었으므로 두 사람을 나무에 달고 그 일을 왕 앞에서 궁
중 일기에 기록하니라

사도행전 25장 | 가이사에게 상소한 바울

25:1 베스도가 부임한 지 삼 일 후에 가이사랴에서 예루살렘으로 올라가니

25:6 베스노가 그들 가운데서 팔 일 혹은 십 일을 지낸 후 가이사랴로 내려가서 이
튿날 재판 자리에 앉고 바울을 데려오라 명하니

25:12 베스도가 배석자들과 상의하고 이르되 네가 가이사에게 상소하였으니 가이
사에게 갈 것이라 하니라

25:13 수일 후에 아그립바 왕과 버니게가 베스도에게 문안하러 기이시랴에 와서

25:19 오직 자기들의 종교와 또는 예수라 하는 이가 죽은 것을 살아 있다고 바울이
주장하는 그 일에 관한 문제로 고발하는 것뿐이라

25:23 이튿날 아그립바와 버니게가 크게 위엄을 갖추고 와서 천부장들과 시중의
높은 사람들과 함께 접견 장소에 들어오고 베스도의 명으로 바울을 데려오니

더 깊은 묵상

창세기 26장에서는 이삭은 자신의 아버지 아브라함이 그러했던 것처럼 하나님의 말씀에 순종하여 사는 충성된 모습을 보여 줍니다.

이런 모습은 모르드개도 마찬가지입니다. 모르드개는 왕에 대한 암살 음모를 밝혀서 왕의 목숨을 구했음에도 왕으로부터 어떠한 치하도, 보상도 받지 못했습니다. 그러나 모르드개는 이를 원망하거나 하지 않았습니다. 충성된 사람의 태도입니다. 왕의 목숨을 구한 것에 대한 아무런 보상이 없었음에도 불구하고, 이때 모드르개가 한 일들은 궁중 일기에 기록되었다가, 나중에 이스라엘 민족을 멸망의 위기에서 구하는 귀한 역사로 사용됩니다. 이것은 우리에게도 마찬가지입니다. 우리가 이 땅 위에서 하나님의 말씀에 따라 살고, 하나님의 공의와 평화를 이루는 삶을 산다면 그것은 하나님의 생명책에 기록됩니다. 이 세상은 그것을 기억하지 못하고 보상하지 않을지라도, 만 왕의 왕이신 하나님께서 친히 하나님 나라 생명책에 기록된 내 삶의 기록들을 보시고 내게 복과 상으로 갚으실 것을 믿고 기억해야 합니다.

이러한 충성된 삶의 모습에 대해 예수님은 마태복음에서 열 처녀 비유와, 달란트 비유를 통해 말씀해주셨습니다. “그런즉 깨어 있으라 너희는 그 날과 그 때를 알지 못하느니라”(마 25:13). 늘 깨어 있어야 합니다. 우리의 신랑이신 예수님이 언제 다시 오실지 우리는 알지 못합니다. “무릇 있는 자는 받아 풍족하게 되고 없는 자는 그 있는 것까지 빼앗기리라”(마 25:29). 우리의 일상에서 늘 주께 하듯 충성된 삶을 살아야 합니다. 충성된 종은 우리 주님으로부터 풍족한 상을 받게 되지만, 그렇지 않은 종은 어두운 데로 내쫓기게 될 것입니다(마 26:29-30).

말씀묵상

보이지 않는 곳에서도 하나님을 향한 태도가 변하지 않는 것이 충성의 모습입니다. 충성스러운 성도는 크고 작고에 따라 마음이 움직이지 않습니다. 오직 믿음으로 나아갑니다.

말씀적용 오늘의 감사

말씀적용

오늘의 감사

믿음으로 감사

소망으로 감사

사랑으로 감사

말씀배경 지식

에스더의 본명은 상록 관목을 가리키는 '화석류나무'라는 뜻의 '하닷사'이다. 에스더는 바사인들이 나중에 붙여준 이름으로 '별'을 의미한다. 바사 제국의 수도인 수산 성에 살다가 아하수에로의 새 왕비가 되어 모르드개와 함께 하만의 계략에서 민족을 구원하였다.

말씀암송

마 25:1 그 때에 천국은 마치 [ ]을 들고 신랑을 맞으러 나간 열 [ ][ ]와 같다 하리니

말씀기도

❶ 주어진 일에 최선을 다하게 하소서.
❷ 당장의 보상이 없을지라도 하나님을 의지하게 하소서.
❸ 하나님께 순종하며 하루하루를 살아가게 하소서.

26 일차 365

위기와 축복

1월 26일

창세기 27장 | 마태복음 26장 | 에스더 3장 | 사도행전 26장

말씀 연결 축복 (창 27, 마 26)

창세기 27장 | 에서의 복을 가로챈 야곱

27:4 내가 즐기는 별미를 만들어 내게로 가져와서 먹게 하여 내가 죽기 전에 내 마음껏 네게 축복하게 하라

27:6 리브가가 그의 아들 야곱에게 말하여 이르되 네 아버지가 네 형 에서에게 말씀하시는 것을 내가 들으니 이르시기를

27:9 염소 떼에 가서 거기서 좋은 염소 새끼 두 마리를 내게로 가져오면 내가 그것으로 네 아버지를 위하여 그가 즐기시는 별미를 만들리니

27:19 야곱이 아버지에게 대답하되 나는 아버지의 맏아들 에서로소이다 아버지께서 내게 명하신 대로 내가 하였사오니 원하건대 일어나 앉아서 내가 사냥한 고기를 잡수시고 아버지 마음껏 내게 축복하소서

27:20 이삭이 그의 아들에게 이르되 내 아들아 네가 어떻게 이같이 속히 잡았느냐 그가 이르되 아버지의 하나님 여호와께서 나로 순조롭게 만나게 하셨음이니이다

마태복음 26장 | 최후의 만찬과 겟세마네 기도

26:7 한 여자가 매우 귀한 향유 한 옥합을 가지고 나아와서 식사하시는 예수의 머리에 부으니

26:15 내가 예수를 너희에게 넘겨 주리니 얼마나 주려느냐 하니 그들이 은 삼십을 달아 주거늘

26:17 무교절의 첫날에 제자들이 예수께 나아와서 이르되 유월절 음식 잡수실 것을 우리가 어디서 준비하기를 원하시나이까

26:36 이에 예수께서 제자들과 함께 겟세마네라 하는 곳에 이르러 제자들에게 이르시되 내가 저기 가서 기도할 동안에 너희는 여기 앉아 있으라 하시고

26:47 말씀하실 때에 열둘 중의 하나인 유다가 왔는데 대제사장들과 백성의 장로들에게서 파송된 큰 무리가 칼과 몽치를 가지고 그와 함께 하였더라

26:50 예수께서 이르시되 친구여 네가 무엇을 하려고 왔는지 행하라 하신대 이에 그들이 나아와 예수께 손을 대어 잡는지라

오늘의 찬양
찬송가 375장 | 나는 갈 길 모르니

맥체인성경365
157p

말씀 연결 축복 (에 3, 행 26)

에스더 3장 | 유다 민족을 전멸시키려는 하만의 음모

3:1 그 후에 아하수에로 왕이 아각 사람 함므다다의 아들 하만의 지위를 높이 올
려 함께 있는 모든 대신 위에 두니

3:7 아하수에로 왕 제십이년 첫째 달 곧 니산월에 무리가 하만 앞에서 날과 달에
대하여 부르 곧 제비를 뽑아 열두째 달 곧 아달월을 얻은지라

3:8 하만이 아하수에로 왕에게 아뢰되 한 민족이 왕의 나라 각 지방 백성 중에
흩어져 거하는데 그 법률이 만민의 것과 달라서 왕의 법률을 지키지 아니하오니
용납하는 것이 왕에게 무익하니이다

3:9 왕이 옳게 여기시거든 조서를 내려 그들을 진멸하소서 내가 은 일만 달란트
를 왕의 일을 맡은 자의 손에 맡겨 왕의 금고에 드리리이다 하니

3:10 왕이 반지를 손에서 빼어 유다인의 대적 곧 아각 사람 함므다다의 아들 하
만에게 주며

사도행전 26장 | 아그리바 앞에서 변호한 바울

26:1 아그립바가 바울에게 이르되 너를 위하여 말하기를 네게 허락하노라 하니 이
에 바울이 손을 들어 변명하되

26:14 우리가 다 땅에 엎드러지매 내가 소리를 들으니 히브리 말로 이르되 사울아
사울아 네가 어찌하여 나를 박해하느냐 가시채를 뒷발질하기가 네게 고생이니라

26:22 하나님의 도우심을 받아 내가 오늘까지 서서 높고 낮은 사람 앞에서 증언하
는 것은 선지자들과 모세가 반드시 되리라고 말한 것밖에 없으니

26:24 바울이 이같이 변명하매 베스도가 크게 소리 내어 이르되 바울아 네가 미쳤
도다 네 많은 학문이 너를 미치게 한다 하니

26:28 아그립바가 바울에게 이르되 네가 적은 말로 나를 권하여 그리스도인이 되
게 하려 하는도다

더 깊은 묵상

야곱이 아버지 이삭과 형 에서를 속이면서까지 축복을 갈망한 것은, 그 축복이 단순히 물질적인 부나 이 땅에서의 성공을 위한 것이 아니라 하나님 나라와 하나님이 주시는 축복을 갈망하였기 때문입니다. 아버지와 형을 속인 야곱을 비판하기 전에, 우리에게도 야곱처럼 이렇게 하나님 나라를 향한 간절한 소망이 있는가를 먼저 돌아보아야 하겠습니다. 혹시 우리가 지금 하나님께 갈망하는 것은 이 땅에서의 물질적인 부유함과 명예는 아닌가요? 만약 그러한 것이 내 기도 제목의 대부분을 차지하고 있다면 지금 내 속에 가득한 것은 하나님의 축복에 대한 갈망이 아니라, '물질'이라는 우상을 향한 탐욕일 수도 있습니다.

예수님께서 자신의 머리에 향유 한 옥합을 부은 여인을 칭찬하신 것은 그가 세상을 위해서가 아니라 예수님을 위해 자신이 가진 가장 귀한 것을 드렸기 때문입니다. 예수님께 뭔가를 바라고 드린 것이 아니라 예수님께 드리고 싶어서 대가 없이 드린 그 '드림' 때문에 그 여인은 복음서에 기록되어 영원히 예수님의 축복을 받는 여인으로 기억되고 있습니다. 우리가 바래야 할 것은 이런 삶의 모습입니다. 세상이 갚아줄 것을 기대하고 드리는 것이 아니라 하나님이 주실 그 축복을 갈망하며 드리는 모습, 이것이 하나님이 기뻐하시는 모습입니다.

축복 중에 최고의 축복은 복음을 위해 박해를 받는 축복입니다. 보통 사람들은 이 땅에서의 성공과 이 땅에서의 축복을 소망합니다. 그러나 진정한 하나님의 사람들은 이 땅에서는 실패할지라도, 아무런 보상이 없을지라도, 하나님 나라를 위한 것이라면 목숨까지 바치면서 충성하려고 합니다. 천국에서 우리가 받을 축복이 이 땅의 것과는 비교할 수 없이 크다는 것을 잘 알고 있기 때문입니다.

말씀묵상

위기는 축복의 전조현상입니다. 위기의 때일수록 주어진 십자가를 더욱 굳게 붙잡아야 합니다. 하나님의 대역전이 기다리고 있기 때문입니다.

말씀적용 오늘의 감사

말씀적용

오늘의 감사

믿음으로 감사

소망으로 감사

사랑으로 감사

말씀암송

마 26:7 한 여자가 매우 귀한 향유 한 [ ][ ]을 가지고 나아와서 식사하시는 예수의 미리에 부으니

말씀기도

❶ 우리에게 어떤 위기가 닥쳐와도 은혜의 축복을 바라보게 하소서.
❷ 천국 백성으로서의 주어진 삶을 통해 주님만을 의지하고 나가는 삶이 되게 하소서.
❸ 생각의 중심이 하나님께 있게 하시고, 삶의 중심이 예수님께 있게 하여 주소서.

말씀배경 지식

아하수에로의 총리대신이 되었을 때 모르드개만이 자기에게 존경을 표시하지 않는 것에 앙심을 품고 모든 유다인을 멸절시키려는 음모를 꾸민 인물이다. 하지만 그의 음모는 모르드개와 에스더의 헌신적인 신앙으로 무산되고 모르드개를 매달아 죽이려고 했던 장대에 자기가 대신 매달려 죽는 일이 생긴 것이다.

27 일차 365

십자가의 길

1월 27일

창세기 28장 | 마태복음 27장 | 에스더 4장 | 사도행전 27장

말씀 연결 십자가 (창 28, 마 27)

창세기 28장 | 야곱의 도피와 벧엘 서원

28:2 일어나 밧단아람으로 가서 네 외조부 브두엘의 집에 이르러 거기서 네 외삼촌 라반의 딸 중에서 아내를 맞이하라

28:3 전능하신 하나님이 네게 복을 주시어 네가 생육하고 번성하게 하여 네가 여러 족속을 이루게 하시고

28:4 아브라함에게 허락하신 복을 네게 주시되 너와 너와 함께 네 자손에게도 주사 하나님이 아브라함에게 주신 땅 곧 네가 거류하는 땅을 네가 차지하게 하시기를 원하노라

28:12 꿈에 본즉 사닥다리가 땅 위에 서 있는데 그 꼭대기가 하늘에 닿았고 또 본즉 하나님의 사자들이 그 위에서 오르락내리락 하고

28:18 야곱이 아침에 일찍이 일어나 베개로 삼았던 돌을 가져다가 기둥으로 세우고 그 위에 기름을 붓고

마태복음 27장 | 예수의 수난과 십자가 죽음

27:1 새벽에 모든 대제사장과 백성의 장로들이 예수를 죽이려고 함께 의논하고

27:5 유다가 은을 성소에 던져 넣고 물러가서 스스로 목매어 죽은지라

27:16 그 때에 바라바라 하는 유명한 죄수가 있는데

27:27 이에 총독의 군병들이 예수를 데리고 관정 안으로 들어가서 온 군대를 그에게로 모으고

27:28 그의 옷을 벗기고 홍포를 입히며

27:29 가시관을 엮어 그 머리에 씌우고 갈대를 그 오른손에 들리고 그 앞에서 무릎을 꿇고 희롱하여 이르되 유대인의 왕이여 평안할지어다 하며

27:34 쓸개 탄 포도주를 예수께 주어 마시게 하려 하였더니 예수께서 맛보시고 마시고자 하지 아니하시더라

27:51 이에 성소 휘장이 위로부터 아래까지 찢어져 둘이 되고 땅이 진동하며 바위가 터지고

27:61 거기 막달라 마리아와 다른 마리아가 무덤을 향하여 앉았더라

오늘의 찬양
찬송가 96장 | 예수님은 누구신가

맥체인성경365
165p

말씀 연결 죽음과 십자가의 길 (에 4, 행 27)

에스더 4장 | 에스더에게 도움을 요청한 모르드개

4:1 모르드개가 이 모든 일을 알고 자기의 옷을 찢고 굵은 베 옷을 입고 재를 뒤
집어쓰고 성중에 나가서 대성 통곡하며

4:2 대궐 문 앞까지 이르렀으니 굵은 베 옷을 입은 자는 대궐 문에 들어가지 못
함이라

4:11 왕의 신하들과 왕의 각 지방 백성이 다 알거니와 남녀를 막론하고 부름을
받지 아니하고 안뜰에 들어가서 왕에게 나가면 오직 죽이는 법이요 왕이 그 자에
게 금 규를 내밀어야 살 것이라 이제 내가 부름을 입어 왕에게 나가지 못한 지가
이미 삼십 일이라 하라 하니라

4:16 당신은 가서 수산에 있는 유다인을 다 모으고 나를 위하여 금식하되 밤낮
삼 일을 먹지도 말고 마시지도 마소서 나도 나의 시녀와 더불어 이렇게 금식한
후에 규례를 어기고 왕에게 나아가리니 죽으면 죽으리이다 하니라

사도행전 27장 | 바울의 로마를 향한 항해

27:1 우리가 배를 타고 이달리야에 가기로 작정되매 바울과 다른 죄수 몇 사람을
아구스도대의 백부장 율리오란 사람에게 맡기니

27:2 아시아 해변 각처로 가려 하는 아드라뭇데노 배에 우리가 올라 항해할새 마게
도냐의 데살로니가 사람 아리스다고도 함께 하니라

27:6 거기서 백부장이 이달리야로 가려 하는 알렉산드리아 배를 만나 우리를 오르
게 하니

27:8 간신히 그 연안을 지나 미항이라는 곳에 이르니 라새아 시에서 가깝더라

27:14 얼마 안 되어 섬 가운데로부터 유라굴로라는 광풍이 크게 일어나니

27:16 가우다라는 작은 섬 아래로 지나 간신히 거루를 잡아

27:27 열나흘째 되는 날 밤에 우리가 아드리아 바다에서 이리 저리 쫓겨가다가 자
정쯤 되어 사공들이 어느 육지에 가까워지는 줄을 짐작하고

27:28 물을 재어 보니 스무 길이 되고 조금 가다가 다시 재니 열다섯 길이라

27:30 사공들이 도망하고자 하여 이물에서 닻을 내리는 체하고 거룻배를 바다에
내려 놓거늘

더 깊은 묵상

하나님을 믿는다는 것은 단순히 신념의 문제나 지적인 인식의 문제가 아니라, 하나님을 향해 삶을 돌이키겠다는 삶의 고백이며, 하나님과 나 사이의 법적인 계약입니다. 우리는 물건을 사고팔거나 집을 사고 팔 때도 계약서를 씁니다. 하물며 하나님의 자녀가 되는 이런 중대한 일은 말할 나위 없습니다.

이러한 계약은 하나님과 이삭 사이의 언약에서 잘 나타나고 있습니다. 하나님은 언제나 이삭과 함께하며 동행하시겠다고 언약하셨고(창 28:15), 이삭은 "여호와께서는 나의 하나님이 되실 것이요"라며 하나님의 하나님 되심에 대한 고백과 함께 "내가 기둥으로 세운 이 돌이 하나님의 집이 될 것이요", "하나님께서 내게 주신 모든 것에서 십분의 일을 내가 반드시 하나님께 드리겠나이다"라고 약속하고 있습니다. 아직은 성전이 없기 때문에 돌기둥으로 대신한 하나님의 집과, 하나님의 소유권에 대한 고백으로 십일조를 드릴 것을 약속하고 있습니다. 하나님과 이삭 사이의 계약입니다.

예수님께서 십자가를 지신 것도 우리와 하나님 사이의 계약입니다. 우리의 죄를 대신해서 하나님의 아들인 예수님께서 십자가에서 우리를 대신해 돌아가심으로, 우리가 구원을 받았다는 계약입니다. 출애굽 할 때 이스라엘 민족들의 문설주에 바른 어린 양의 피가 이스라엘의 장자를 구원했다면, 예수님이 십자가에 못 박히실 때 예수님이 흘리신 그 어린 양의 피가 장자뿐 아니라 우리 모두를 구원했습니다. 이스라엘 민족이 문설주에 어린 양의 피를 발라 구원을 받았듯이, 하나님의 어린 양 예수님의 보혈의 피를 내 가슴에 바름으로 우리가 구원을 얻습니다. 생각만 해도, 감사한 일이 아닐 수 없습니다.

말씀묵상

십자가의 길에 구원의 여망이 없는 것과 같은 부정의 상황이 닥칠 때가 있습니다. 믿음을 가지고 당황하지 않고 금식으로 기도해보면 주께서 예비하신 길이 보일 것입니다.

말씀적용 오늘의 감사

말씀적용

오늘의 감사

믿음으로 감사

소망으로 감사

사랑으로 감사

말씀암송

창 28:3 전능하신 하나님이 네게 ☐을 주시어 네가 ☐☐하고 ☐☐하게 하여 네가 여러 족속을 이루게 하시고

말씀기도

❶ 부정한 상황에서도 주님만을 신뢰하고 의지하게 하소서.
❷ 죽으면 죽으리라는 신념과 믿음으로 주님만을 바라보는 삶이 되게 하소서.
❸ 나로 인해 주변의 사람들을 구원할 수 있는 하나님의 사람으로 변화시켜 주소서.

말씀배경 지식

총독 빌라도는 기원후 26-36년까지 유대, 사마리아, 이두매 지방을 다스린 5대 로마 총독으로서 소아시아의 본토 출신 갈릴리 사람을 성전에서 죽였고 예수를 죽음에 넘겨주었으며, 그리심 산에서 사마리아 사람을 죽이는 등 폭정과 정치적 불안으로 인해 황제 디베료의 소환을 받았다. 네로 혹은 갈리굴라에 의해 사형 언도를 받고 자결한 것으로 알려진다.

28 일차 / 365

1월 28일

하나님 나라 씨의 번성

창세기 29장 | 마태복음 28장 | 에스더 5장 | 사도행전 28장

말씀 연결 서원과 십자가의 길 (창 29, 마 28)

창세기 29장 | 도피자 야곱의 결혼

29:2 본족 들에 우물이 있고 그 곁에 양 세 떼가 누워 있으니 이는 목자들이 그 우물에서 양 떼에게 물을 먹임이라 큰 돌로 우물 아귀를 덮었다가

29:13 라반이 그의 생질 야곱의 소식을 듣고 달려와서 그를 영접하여 안고 입맞추며 자기 집으로 인도하여 들이니 야곱이 자기의 모든 일을 라반에게 말하매

29:14 라반이 이르되 너는 참으로 내 혈육이로다 하였더라 야곱이 한 달을 그와 함께 거주하더니

29:17 레아는 시력이 약하고 라헬은 곱고 아리따우니

29:21 야곱이 라반에게 이르되 내 기한이 찼으니 내 아내를 내게 주소서 내가 그에게 들어가겠나이다

29:31 여호와께서 레아가 사랑 받지 못함을 보시고 그의 태를 여셨으나 라헬은 자녀가 없었더라

마태복음 28장 | 부활하신 예수님

28:1 안식일이 다 지나고 안식 후 첫날이 되려는 새벽에 막달라 마리아와 다른 마리아가 무덤을 보려고 갔더니

28:2 큰 지진이 나며 주의 천사가 하늘로부터 내려와 돌을 굴려 내고 그 위에 앉았는데

28:16 열한 제자가 갈릴리에 가서 예수께서 지시하신 산에 이르러

오늘의 찬양
찬송가 391장 | 오 놀라운 구세주

맥체인성경365
172p

말씀 연결 씨의 번성과 보존 (에 5, 행 28)

에스더 5장 | 잔치를 배설한 왕후 에스더

5:6 잔치의 술을 마실 때에 왕이 에스더에게 이르되 그대의 소청이 무엇이뇨 곧
허락하겠노라 그대의 요구가 무엇이뇨 나라의 절반이라 할지라도 시행하겠노라
하니

5:11 자기의 큰 영광과 자녀가 많은 것과 왕이 자기를 들어 왕의 모든 지방관이
나 신하들보다 높인 것을 다 말하고

5:14 그의 아내 세레스와 모든 친구들이 이르되 높이가 오십 규빗 되는 나무를
세우고 내일 왕에게 모르드개를 그 나무에 매달기를 구하고 왕과 함께 즐거이 잔
치에 가소서 하니 하만이 그 말을 좋게 여기고 명령하여 나무를 세우니라

사도행전 28장 | 로마에 도착한 바울

28:1 우리가 구조된 후에 안즉 그 섬은 멜리데라 하더라

28:2 비가 오고 날이 차매 원주민들이 우리에게 특별한 동정을 하여 불을 피워 우
리를 다 영접하더라

28:8 보블리오의 부친이 열병과 이질에 걸려 누워 있거늘 바울이 들어가서 기도하
고 그에게 안수하여 낫게 하매

28:11 석 달 후에 우리가 그 섬에서 겨울을 난 알렉산드리아 배를 타고 떠나니 그
배의 머리 장식은 디오스구로라

28:15 그 곳 형제들이 우리 소식을 듣고 압비오 광장과 트레이스 타베르네까지 맞
으러 오니 바울이 그들을 보고 하나님께 감사하고 담대한 마음을 얻으니라

28:22 이에 우리가 너의 사상이 어떠한가 듣고자 하니 이 파에 대하여는 어디서든
지 반대를 받는 줄 알기 때문이라 하더라

28:30 바울이 온 이태를 자기 셋집에 머물면서 자기에게 오는 사람을 다 영접하고

더 깊은 묵상

하나님 나라를 위해서는 대가가 필요합니다. 값없이 공짜로 주어지는 것은 없습니다. 65세 이상의 어르신들에게는 지하철 요금이 공짜입니다. 그러나 실제로 이 요금은 공짜가 아니라 지자체에서 세금으로 대신 값을 치르고 있습니다. 우리가 값없이 받았다고 생각하는 구원도 그냥 공짜로 주어진 것이 아니라 예수님이 십자가에 매달려 죽으시는 값비싼 대가를 치른 것입니다. 하나님 나라를 그런 것입니다. 그저 공짜로 주어진 것처럼 보이지만 누군가 나를 대신해 값비싼 대가를 치르고 그 대가로 우리에게 주어진 나라입니다.

요셉도 라헬을 사랑했기 때문에 라헬을 아내로 얻기 위해 무려 14년이라는 값비싼 노동의 대가를 치러야 했습니다. 그러나 진실로 라헬을 사랑했기 때문에 그 14년을 단지 며칠처럼 여기며 지날 수 있었습니다. 사랑은 그런 것입니다. 사랑하기 때문에 치르는 고통과 고난은 달콤합니다. 견딜 만합니다. 이것이 사랑의 힘입니다.

예수님은 제자들을 떠나시기 전에 마지막으로 제자들에게 부탁하십니다. 사실 그것은 부탁이 아니라 하나님 나라를 위해 모든 민족으로 제자를 삼아 예수님이 가르치신 모든 것을 그들에게도 가르쳐 지키게 하라는 위대한 대 사명이었습니다. 우리가 예수님의 사랑을 받았으니 그것으로 모든 것이 끝은 아닙니다. 우리가 받은 그 사랑을 다른 사람들도 누릴 수 있도록 우리에게는 그 사랑을 전해야 할 사명이 있습니다. 사도행전에서 사도 바울이 보여주고 있는 증인의 삶이 바로 그런 삶입니다.

말씀묵상

하나님의 나라의 씨는 번성합니다. 모든 민족을 제자 삼으라는 예수님의 명령이 수행될 때 그 번성을 보게 됩니다. 우리는 예수님의 참된 제자가 되고, 제자를 삼아야 합니다.

말씀적용 오늘의 감사

말씀적용

오늘의 감사

믿음으로 감사

소망으로 감사

사랑으로 감사

말씀암송

마 28:2 큰 [ ][ ]이 나며 주의 [ ][ ]가 하늘로부터 내려와 돌을 굴려 내고 그 위에 앉았는데

말씀기도

❶ 십자가에 달려서 죽기까지 우리를 사랑하신 주님의 은혜와 사랑을 감사하게 하소서.
❷ 하나님 나라의 씨의 번성을 위해 순종하며 살아가게 하소서.
❸ 지금 있는 이곳에서 하나님 나라의 복음을 전하는 전도자의 삶을 살 수 있도록 하소서.

말씀배경 지식

'죽으면 죽으리이다'의 라는 비장한 각오를 다짐한 에스더는 일사각오의 자세로 왕에게 나아간 그녀는 왕의 총애를 받게 되고, 어리석은 하만은 모르드개가 처형당할 장대에서 하만 자신이 처형을 당한다.

하나님 나라 씨의 번성(2)

창세기 30장 | 마가복음 1장 | 에스더 6장 | 로마서 1장

말씀 연결 씨의 열망과 번성 (창 30, 막 1)

창세기 30장 | 많은 자녀와 재산을 얻은 야곱

30:4 그의 시녀 빌하를 남편에게 아내로 주매 야곱이 그에게로 들어갔더니

30:14 밀 거둘 때 르우벤이 나가서 들에서 합환채를 얻어 그의 어머니 레아에게
드렸더니 라헬이 레아에게 이르되 언니의 아들의 합환채를 청구하노라

30:20 레아가 이르되 하나님이 내게 후한 선물을 주시도다 내가 남편에게 여섯
아들을 낳았으니 이제는 그가 나와 함께 살리라 하고 그의 이름을 스불론이라 하
였으며

30:21 그 후에 그가 딸을 낳고 그의 이름을 디나라 하였더라

30:23 그가 임신하여 아들을 낳고 이르되 하나님이 내 부끄러움을 씻으셨다 하
고

30:37 야곱이 버드나무와 살구나무와 신풍나무의 푸른 가지를 가져다가 그것들
의 껍질을 벗겨 흰 무늬를 내고

30:39 가지 앞에서 새끼를 배므로 얼룩얼룩한 것과 점이 있고 아롱진 것을 낳은
지라

마가복음 1장 | 하나님의 아들 예수 그리스도의 복음의 시작

1:10 곧 물에서 올라오실새 하늘이 갈라짐과 성령이 비둘기 같이 자기에게 내려
오심을 보시더니

1:13 광야에서 사십 일을 계시면서 사탄에게 시험을 받으시며 들짐승과 함께 계
시니 천사들이 수종들더라

1:15 이르시되 때가 찼고 하나님의 나라가 가까이 왔으니 회개하고 복음을 믿으
라 하시더라

1:17 예수께서 이르시되 나를 따라오라 내가 너희로 사람을 낚는 어부가 되게 하
리라 하시니

1:21 그들이 가버나움에 들어가니라 예수께서 곧 안식일에 회당에 들어가 가르치
시매

말씀 연결 씨의 보존과 번성 (에 6, 롬 1)

에스더 6장 | 옛 공로로 명예를 얻은 모르드개

6:8 왕께서 입으시는 왕복과 왕께서 타시는 말과 머리에 쓰시는 왕관을 가져다
가

6:10 이에 왕이 하만에게 이르되 너는 네 말대로 속히 왕복과 말을 가져다가 대
궐 문에 앉은 유다 사람 모르드개에게 행하되 무릇 네가 말한 것에서 조금도 빠
짐이 없이 하라

로마서 1장 | 복음의 능력

1:1 예수 그리스도의 종 바울은 사도로 부르심을 받아 하나님의 복음을 위하여 택
정함을 입었으니

1:11 내가 너희 보기를 간절히 원하는 것은 어떤 신령한 은사를 너희에게 나누어
주어 너희를 견고하게 하려 함이니

1:14 헬라인이나 야만인이나 지혜 있는 자나 어리석은 자에게 다 내가 빚진 자라

1:17 복음에는 하나님의 의가 나타나서 믿음으로 믿음에 이르게 하나니 기록된 바
오직 의인은 믿음으로 말미암아 살리라 함과 같으니라

1:24 그러므로 하나님께서 그들을 마음의 정욕대로 더러움에 내버려 두사 그들의
몸을 서로 욕되게 하게 하셨으니

1:26 이 때문에 하나님께서 그들을 부끄러운 욕심에 내버려 두셨으니 곧 그들의 여
자들도 순리대로 쓸 것을 바꾸어 역리로 쓰며

1:31 우매한 자요 배약하는 자요 무정한 자요 무자비한 자라

더 깊은 묵상

하나님 나라는 하나님의 말씀을 통해 성취됩니다. 하나님은 그 약속하신 것은 반드시 이루는 분이시기 때문입니다. 창세기에서도 아브라함의 손자인 야곱을 통해 이스라엘의 열두 지파가 될 열두 아들들이 탄생하는 모습을 보여주고 있습니다. 하나님께서 아브라함에게 약속하신 하나님 나라가 서서히 완성되어 가고 있습니다.

왕이 잠이 오지 않아 역대 일기를 읽다가 모르드개가 자신의 목숨을 구한 이야기를 읽고는 모르드개를 존귀하게 대접하고, 에스더와 모르드개를 통해 하나님의 백성인 이스라엘 민족을 구원할 원대한 계획을 시작하고 계심을 보여 줍니다.

우리에게 하나님 나라의 복음을 전파할 위대한 사명을 맡기셨습니다. "때가 찼고 하나님의 나라가 가까이 왔으니 회개하고 복음을 믿으라"(막 1:15)라고 하시며 "나를 따라오라 내가 너희로 사람을 낚는 어부가 되게 하리라"(막 1:17)라고 하십니다.

우리를 구원하신 이유가 바로 복음을 위해서고, 이를 위해 우리를 그리스도의 것으로 부르셨습니다. 바울은 "하나님의 복음을 위하여 택정함을 입었으니"(롬 1:1), "예수 그리스도의 것으로 부르심을 받은 자니라"(롬 1:6)고 말씀하고 있습니다. 하나님 나라의 백성으로 구원받은 우리는 한시도 이 점을 잊어서는 안됩니다.

말씀묵상

예수 그리스도의 것으로 부르심을 받은 성도의 가장 근본적이고 보편적인 부르심은 씨의 번성을 위한 부르심입니다. 그 부르심 앞에 설 때, 허다한 무리가 아닌 단 한 사람의 영혼의 귀함을 보게 됩니다.

말씀적용 오늘의 감사

말씀적용

오늘의 감사

믿음으로 감사

소망으로 감사

사랑으로 감사

말씀암송

막 1:13 광야에서 ☐☐ 일을 계시면서 사탄에게 시험을
받으시며 들짐승과 함께 계시니 ☐☐들이 수종들더라

말씀기도

❶ 하나님의 뜻을 따라 그 복음의 씨를 전하는 사명을 온전히 감당할 수 있게 하소서.
❷ 하나님의 사랑을 전하는 도구와 통로가 될 수 있도록 저를 사용하여 주소서.
❸ 내가 예수님을 위해 무엇을 해드릴까를 먼저 기도하게 하소서.

말씀배경 지식

합환채는 지중에 연안 지방에서 널리 자생하는 다년생 초본이다. 흰독말풀로 추정되는 것으로서 가지만 한 크기의 향기로운 열매를 맺으며, 땅속으로는 인삼처럼 갈라진 뿌리가 있는데 고대인들은 이것을 수태 증진 또는 최음제로 믿었고, 때로는 마약으로 썼다.

30 일차/365

1월 30일

하나님 나라 씨의 보존

창세기 31장 | 마가복음 2장 | 에스더 7장 | 로마서 2장

말씀 연결 씨 보존과 방식 (창 31, 막 2)

창세기 31장 | 야곱의 귀향과 미스바 계약

31:2 야곱이 라반의 안색을 본즉 자기에게 대하여 전과 같지 아니하더라

31:15 아버지가 우리를 팔고 우리의 돈을 다 먹어버렸으니 아버지가 우리를 외
국인처럼 여기는 것이 아닌가

31:35 라헬이 그의 아버지에게 이르되 마침 생리가 있어 일어나서 영접할 수 없
사오니 내 주는 노하지 마소서 하니라 라반이 그 드라빔을 두루 찾다가 찾아내지
못한지라

31:42 우리 아버지의 하나님, 아브라함의 하나님 곧 이삭이 경외하는 이가 나와
함께 계시지 아니하셨더라면 외삼촌께서 이제 나를 빈손으로 돌려보내셨으리이
다마는 하나님이 내 고난과 내 손의 수고를 보시고 어제 밤에 외삼촌을 책망하셨
나이다

31:46 또 그 형제들에게 돌을 모으라 하니 그들이 돌을 가져다가 무더기를 이루
매 무리가 거기 무더기 곁에서 먹고

31:53 아브라함의 하나님, 나홀의 하나님, 그들의 조상의 하나님은 우리 사이에
판단하옵소서 하매 야곱이 그의 아버지 이삭이 경외하는 이를 가리켜 맹세하고

마가복음 2장 | 죄를 사하는 권세자

2:5 예수께서 그들의 믿음을 보시고 중풍병자에게 이르시되 작은 자야 네 죄 사함
을 받았느니라 하시니

2:7 이 사람이 어찌 이렇게 말하는가 신성모독이로다 오직 하나님 한 분 외에는
누가 능히 죄를 사하겠느냐

2:14 또 지나가시다가 알패오의 아들 레위가 세관에 앉아 있는 것을 보시고 그에
게 이르시되 나를 따르라 하시니 일어나 따르니라

2:15 그의 집에 앉아 잡수실 때에 많은 세리와 죄인들이 예수와 그의 제자들과 함
께 앉았으니 이는 그러한 사람들이 많이 있어서 예수를 따름이러라

오늘의 찬양

찬송가 486장 | 이 세상에 근심된 일이 많고

맥체인성경365
184p

말씀 연결 씨의 보존 (에 7, 롬 2)

에스더 7장 | 처형되는 하만

7:3 왕후 에스더가 대답하여 이르되 왕이여 내가 만일 왕의 목전에서 은혜를 입
었으며 왕이 좋게 여기시면 내 소청대로 내 생명을 내게 주시고 내 요구대로 내
민족을 내게 주소서

7:6 에스더가 이르되 대적과 원수는 이 악한 하만이니이다 하니 하만이 왕과 왕
후 앞에서 두려워하거늘

7:7 왕이 노하여 일어나서 잔치 자리를 떠나 왕궁 후원으로 들어가니라 하만이
일어서서 왕후 에스더에게 생명을 구하니 이는 왕이 자기에게 벌을 내리기로 결
심한 줄 앎이더라

7:8 왕이 후원으로부터 잔치 자리에 돌아오니 하만이 에스더가 앉은 걸상 위에
엎드렸거늘 왕이 이르되 저가 궁중 내 앞에서 왕후를 강간까지 하고자 하는가 하
니 이 말이 왕의 입에서 나오매 무리가 하만의 얼굴을 싸더라

로마서 2장 | 하나님의 준엄한 심판과 유대인의 죄

2:5 다만 네 고집과 회개하지 아니한 마음을 따라 진노의 날 곧 하나님의 의로우신
심판이 나타나는 그 날에 임할 진노를 네게 쌓는도다

2:8 오직 당을 지어 진리를 따르지 아니하고 불의를 따르는 자에게는 진노와 분노
로 하시리라

2:14 (율법 없는 이방인이 본성으로 율법의 일을 행할 때에는 이 사람은 율법이 없
어도 자기가 자기에게 율법이 되나니

2:18 율법의 교훈을 받아 하나님의 뜻을 알고 지극히 선한 것을 분간하며

2:20 율법에 있는 지식과 진리의 모본을 가진 자로서 어리석은 자의 교사요 어린
아이의 선생이라고 스스로 믿으니

2:25 네가 율법을 행하면 할례가 유익하나 만일 율법을 범하면 네 할례는 무할례가
되느니라

2:29 오직 이면적 유대인이 유대인이며 할례는 마음에 할지니 영에 있고 율법 조
문에 있지 아니한 것이라 그 칭찬이 사람에게서가 아니요 다만 하나님에게서니라

더 깊은 묵상

하나님이 하나님의 백성에게 주실 수 있는 가장 큰 축복은 '하나님의 함께하심'입니다. 반대로, 하나님이 우리에게 주시는 가장 큰 형벌은 하나님이 함께하시지 않는 것입니다. 그래서 십자가에서 예수님이 돌아가실 때 하신 마지막 말씀 중의 하나가 "아버지, 왜 나를 버리시나이까?"였습니다. 하나님으로부터 분리되는 것, 하나님의 부재가 얼마나 큰 형벌인지 상징적으로 보여주는 장면이 아닐 수 없습니다.

반면 오늘 묵상한 창세기에서 야곱은 "내 아버지의 하나님은 나와 함께 계셨느니라"(창 31:5)라고 고백하고 있습니다. 그 하나님이 야곱과 함께하셨기에 야곱은 삼촌 라반의 집에서 큰 재물을 모을 수 있었습니다.

에스더 7장에서도 하나님이 에스더와 모르드개에게 함께하심으로, 이스라엘 백성이 도륙되고 진멸될 수도 있는 위기에서 벗어나 오히려 그런 음모를 꾸민 하만이 모르드개를 달려고 한 나무에 매달려 죽는 모습을 볼 수 있습니다. 하만은 남을 함부로 판단하여 모르드개를 죽이려고 하다가 오히려 자신이 죽임을 당했습니다.

여기에 대해 "그러므로 남을 판단하는 사람아, 누구를 막론하고 네가 핑계하지 못할 것은 남을 판단하는 것으로 네가 너를 정죄함이니 판단하는 네가 같은 일을 행함이니라"(롬 2:1)라고 말씀하고 있습니다. "하나님 앞에서는 율법을 듣는 자가 의인이 아니요 오직 율법을 행하는 자라야 의롭다 하심을 얻으리니"(롬 2:13)라는 말씀처럼, 우리도 하나님의 말씀을 듣는 데서 그치지 않고 하나님의 말씀을 따라 행하는 삶을 살아야 합니다. 그래야 우리의 삶 가운데 하나님이 함께하시는 축복이 있기 때문입니다.

말씀묵상

역사 가운데서 하나님 나라의 씨를 향한 수많은 도전들이 있었습니다. 그러나 하나님은 그 씨들을 보존하십니다. 그 씨가 이 땅과 역사 가운데서 보존되는 방식은 하나님께 순종하며 깨끗하게 행하는 것입니다.

말씀적용 오늘의 감사

말씀적용

오늘의 감사

믿음으로 감사

소망으로 감사

사랑으로 감사

말씀암송

롬 2:25 네가 ☐☐을 행하면 할례가 유익하나 만일 ☐☐을 범하면 네 할례는 무할례가 되느니라

말씀기도

❶ 하나님께 선택된 백성으로서의 삶을 살게 하소서.
❷ 오직 하나님의 말씀으로 살아가게 하소서.
❸ 하나님을 떠나지 않고 늘 하나님과 함께 동행하는 삶을 살게 하소서.

말씀배경 지식

드라빔은 가족 수호신의 일종이다. 은이나 나무로 만들어졌으며 휴대하기에 용이할 만큼 작은 것부터 사람처럼 큰 것까지 다양한 모양이다. 가정의 안정과 평안 그리고 다산과 풍요를 가져다준다고 믿어진 드라빔은 우상 숭배와 연관이 있었고, 점치는 도구나 거짓 신 등으로 받아들여졌기 때문에 정죄되었다.

31 일차 365

1월 31일

하나님 나라 씨

창세기 32장 | 마가복음 3장 | 에스더 8장 | 로마서 3장

말씀 연결 야곱의 씨, 왕의 씨들 (창 32, 막 3)

창세기 32장 | 야곱에서 이스라엘로

32:2 야곱이 그들을 볼 때에 이르기를 이는 하나님의 군대라 하고 그 땅 이름을 마하나임이라 하였더라

32:3 야곱이 세일 땅 에돔 들에 있는 형 에서에게로 자기보다 앞서 사자들을 보내며

32:6 사자들이 야곱에게 돌아와 이르되 우리가 주인의 형 에서에게 이른즉 그가 사백 명을 거느리고 주인을 만나려고 오더이다

32:24 야곱은 홀로 남았더니 어떤 사람이 날이 새도록 야곱과 씨름하다가

32:25 자기가 야곱을 이기지 못함을 보고 그가 야곱의 허벅지 관절을 치매 야곱의 허벅지 관절이 그 사람과 씨름할 때에 어긋났더라

32:28 그가 이르되 네 이름을 다시는 야곱이라 부를 것이 아니요 이스라엘이라 부를 것이니 이는 네가 하나님과 및 사람들과 겨루어 이겼음이니라

32:30 그러므로 야곱이 그 곳 이름을 브니엘이라 하였으니 그가 이르기를 내가 하나님과 대면하여 보았으나 내 생명이 보전되었다 함이더라

마가복음 3장 | 사역의 확장과 새로운 가족

3:6 바리새인들이 나가서 곧 헤롯당과 함께 어떻게 하여 예수를 죽일까 의논하니

3:14 이에 열둘을 세우셨으니 이는 자기와 함께 있게 하시고 또 보내사 전도도 하며

3:17 또 세베대의 아들 야고보와 야고보의 형제 요한이니 이 둘에게는 보아너게 곧 우레의 아들이란 이름을 더하셨으며

3:18 또 안드레와 빌립과 바돌로매와 마태와 도마와 알패오의 아들 야고보와 및 다대오와 가나나인 시몬이며

3:22 예루살렘에서 내려온 서기관들은 그가 바알세불이 지폈다 하며 또 귀신의 왕을 힘입어 귀신을 쫓아낸다 하니

3:29 누구든지 성령을 모독하는 자는 영원히 사하심을 얻지 못하고 영원한 죄가 되느니라 하시니

오늘의 찬양

찬송가 400장 | 험한 시험 물 속에서

맥체인성경365
184p

말씀 연결 약속의 씨, 믿음의 씨 (에 8, 롬 3)

에스더 8장 | 조서를 철회한 아하수에로

8:8 너희는 왕의 명의로 유다인에게 조서를 뜻대로 쓰고 왕의 반지로 인을 칠지
어다 왕의 이름을 쓰고 왕의 반지로 인친 조서는 누구든지 철회할 수 없음이니라
하니라

8:9 그 때 시완월 곧 삼월 이십삼일에 왕의 서기관이 소집되고 모르드개가 시키
는 대로 조서를 써서 인도로부터 구스까지의 백이십칠 지방 유다인과 대신과 지
방관과 관원에게 전할새 각 지방의 문자와 각 민족의 언어와 유다인의 문자와 언
어로 쓰되

8:15 모르드개가 푸르고 흰 조복을 입고 큰 금관을 쓰고 자색 가는 베 겉옷을 입
고 왕 앞에서 나오니 수산 성이 즐거이 부르며 기뻐하고

로마서 3장 | 죄 아래 있는 인간과 믿음으로 얻은 의

3:10 기록된 바 의인은 없나니 하나도 없으며

3:13 그들의 목구멍은 열린 무덤이요 그 혀로는 속임을 일삼으며 그 입술에는 독
사의 독이 있고

3:22 곧 예수 그리스도를 믿음으로 말미암아 모든 믿는 자에게 미치는 하나님의 의
니 차별이 없느니라

3:25 이 예수를 하나님이 그의 피로써 믿음으로 말미암는 화목제물로 세우셨으니
이는 하나님께서 길이 참으시는 중에 전에 지은 죄를 간과하심으로 자기의 의로우
심을 나타내려 하심이니

3:26 곧 이 때에 자기의 의로우심을 나타내사 자기도 의로우시며 또한 예수 믿는
자를 의롭다 하려 하심이라

더 깊은 묵상

우리의 하나님은 그 말씀 하신 바 약속을 지키시는 의로우신 하나님입니다. 이러한 하나님이 우리의 하나님이시라는 것은 얼마나 복된 일인지요. 오늘의 본문에서 하나님은 “내가 반드시 네게 은혜를 베풀어 네 씨로 바다의 셀 수 없는 모래와 같이 많게 하리라”라고 약속하시는 하나님입니다(창 32:12). 그냥 약속하시는 것도 아니고 반드시 그 약속을 지키겠다고 말씀하시는 하나님입니다. 그리고 그 약속의 징표를 야곱의 이름을 이제는 이스라엘이라 부르겠다고 하십니다. 이스라엘 민족의 역사가 시작되는 거룩한 순간입니다.

그리고 하나님의 이 약속은 이후 출애굽의 기간에도, 가나안 정복 전쟁에서도, 그리고 오랜 시간이 흐른 후 에스더와 모르드개를 통해 포로로 끌려간 이스라엘 백성들을 구원하실 때도 신실하게 지켜졌습니다. 우리 하나님은 약속을 지키시는 하나님이십니다.

우리를 구원하신 예수님도 얼마나 의롭고 자비로운 분이신지요. 마가복음에서 예수님은 안식일에 회당에서 손 마른 사람을 고치셨다가 바리새인들과 헤롯 당원들로부터 안식일을 어겼다는 비난과 고발을 당합니다. 그때 예수님은 이렇게 말씀하십니다. “안식일에 선을 행하는 것과 악을 행하는 것, 생명을 구하는 것과 죽이는 것, 어느 것이 옳으냐”(막 3:4). 예수님은 비난을 받을지라도 의를 행하시는 분이었습니다. 그것이 당신이 사랑하시는 하나님의 백성과 관계된 것이라면 그 때문에 바리새인들이나 제사장들로부터 비난을 받을지라도 병자를 고치시고 굶주린 자를 먹이셨습니다.

우리는 때때로 남의 시선이나 사회적인 평판을 의식하느라 우리가 마땅히 해야 할 일들을 하지 않고 망설일 때가 많습니다. 마음에는 돕고자 하는 마음, 불쌍히 여기는 마음(이 마음은 하나님이 주신 마음입니다)이 있는데도, 혹시라도 그 일 때문에 일부의 사람들로부터 비판을 받을 것이 두려워 하나님이 주신 마음을 외면하기도 합니다. 우리가 정말 예수님을 사랑한다면, 약자들을 위해 기꺼이 비난을 무릅쓰고도 그들과 함께하고 그들을 돕고자 했던 예수님의 그 의로우신 마음을 우리 가슴에 품어야 하겠습니다.

말씀묵상

하나님 나라의 씨된 성도는 왕이신 예수님 앞으로 나와야 합니다. 값 없이 의롭다 함을 받은 성도는 예수님에게서 나오는 말씀을 들어야 하며, 삼위 하나님을 한 입으로 고백해야 합니다.

말씀적용 오늘의 감사

말씀적용

오늘의 감사

믿음으로 감사

소망으로 감사

사랑으로 감사

말씀암송

롬 3:22 곧 예수 그리스도를 [ ][ ]으로 말미암아 모든 믿는 자에게 미치는 하나님의 [ ]니 차별이 없느니라

말씀기도

❶ 하나님께 서원한 것들을 온 마음과 정성을 다해 지키는 하나님의 거룩한 자녀로 살게 하소서.
❷ 메마른 마음과 삶을 고쳐주시고, 주님의 은혜와 사랑이 가득찬 사람으로 변화시켜 주소서.
❸ 예수님이 명하신 것을 실천할 수 있는 용기와 확신을 주시옵소서.

말씀배경 지식

가나안으로 귀향하는 길에 야곱은 하나님의 군대를 만난다. 아마도 이 환상은 야곱에게만 은밀히 보였을 것인데, 이는 벧엘에서의 환상과 연결된다. 요점은 이것이다. 야곱이 약속의 땅을 떠날 때나 돌아올 때나 하나님이 항상 지키고 도와주신다는 사실이다.

누군가 널 위해 기도하네

(Someone is praying for you)

Lanny Wolfe

선한 능력으로

E B/D# C#m7 /B A F#m7 B7
주 선한능력으로안으 시 네 - 그 크신팔로날붙드시 네 - -
지 나간괴로움날에워 싸 고 - 고 난의길을걷는다해 도 - -
주 님이마신고난의쓴 잔 을 - 우 리도감사하며받으 리 - -
E B/D# C#m7 /B A B7 E
절 망속에도흔들리지 않 고 - 사 랑하는주얼굴구하 리 - -
주 님께모두맡긴우리 영 혼 - 예 비하신구원을얻으 리 - -
주 님의남은고난채워 가 며 - 예 수와복음위해살리 라 - -
E B/D# C#m7 /B A F#m7 B7
선 한능력으로일어서 리 - -주만의 지하리 -믿음으 로 - -
E B/D# C#m7 /B A B7 E
우 리고대하네주오실 그 날 - 영 광의새날을맞이하 리

마음이 상한 자를

(He binds the broken-hearted)

Stacy Swalley

원하고 바라고 기도합니다

이현임, 김요셉, 민호기

나의 하나님 나의 하나님

강태원

맥체인성경 정독에 참고할 자료

도서

1. 『영감 넘치는 맥체인 성경읽기』 (로고스성경사역원)
2. 『영감 넘치는 맥체인 성경읽기 워크북(훈련교재)』 (로고스성경사역원)
3. 『맥체인성경읽기방법 성경 이렇게 읽읍시다』(부흥과 개혁사)
4. 『로버트 맥체인 회고록』(부흥과개혁사)
5. 『로버트 맥체인과 떠나는 여행』(부흥과 개혁사)
6. 『로버트 맥체인』(지평서원)
7. 『로버트 머리 맥체인: 하나님의 사람들』(양무리서원)
8. 『거룩을 갈망한 작은 예수 로버트 맥체인』(넥서스크로스)
9. 『로버트 M, 맥체인의 생애』(CLC)
10. 로버트 맥체인 설교집 『마태복음』,『마가복음』,『로마서』(그책의 사람들)
11. 『맥체인성경365 통독묵상 가이드』 (선교횃불)
12. 『맥체인 통독 맥잡기1, 2, 3, 4, 5, 6』 (선교횃불)
13. 맥체인정독 길라잡이(선교횃불)
14. 맥체인큐티(선교횃불)
15. 맥체인성경 365(선교횃불)
16. 맥체인성경 2면4책(선교횃불) 근간예정
17. 『맥체인 성경 읽기 해설 1, 2, 3, 4』 (세움북스)

SNS 참조

페이스북 : https://www.facebook.com/profile.php?id=100006657647442
네이버 블로그 : https://blog.naver.com/missiontorch
네이버 까페 : https://cafe.naver.com/jesuslovezone
다음 까페 : http://cafe.daum.net/missiontorch
유튜브 : 맥체인성경세미나

맥체인성경 통독 웹사이트

드라마 바이블 : https://dramabible.org
갓피플 성경통독 어플 http://www.godpeople.com/?GO=mobile_detail&appid=93
성경타자통독 : https://bible.ctm.kr/

오디오 성경

Hi-Fi 로고스 맥체인 전자성경

MQ

맥체인큐티(12-01)

발 행 인 김수곤
편집위원 김홍양 임건혁 정현기 김종인
디 자 인 디자인이츠
발행한곳 선교횃불
등록주소 송파구 백제고분로 27길 12(삼전동)
전 화 (02) 2203-2739
팩 스 (02) 2203-2738
이 메 일 ccm2you@gmail.com
홈페이지 www.ccm2u.com
발 행 일 2021년 1월 1일